건강하고 행복한
노후의 집

건강하고 행복한 노후의 집

문성택 · 유영란 지음

100세 시대,
노후에는 어떤 집에 살아야 할까?

"구독자 15만 유튜버 공빠TV가 알려주는
시니어 세대를 위한 인생 설계 바이블!"

'노후에 살 집' 바로 이것부터가 인생 후반 계획의 시작이다

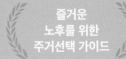
즐거운
노후를 위한
주거선택 가이드

공빠TV가
추천하는
실버타운 22선

시니어주택
실거주자의
생생 솔직 후기

바른북스

제2의 인생을 위한 독립의 시작!
노후에 살 집 마련하기

토끼 같던 자녀들이 사느라 열심입니다. 저보다 더 바쁜 것 같습니다. 직장 일로 바쁘고, 연애하느라 주말에도 얼굴을 제대로 볼 수가 없습니다. 막내는 독립한다며 들떠 있습니다. 작은 원룸을 꾸미느라 예쁜 소품들을 쇼핑합니다.

그런 자녀들에 비해 지금 우리의 모습은 어떻습니까? 은퇴했거나 은퇴를 앞두고 있는 우리는 아직도 돈벌이를 궁리하며 조급한 마음으로 살아갑니다. 그러다 문득 '내 인생은 왜 그렇게 고달프고 바쁘기만 한지…' 하는 회의가 들기도 합니다. 당신은 그동안 열심히 살아온 자신을 대견하게 여기나요? 아니면 한심하다는 생각이 드나요? 칭찬 좀 받아도 될 법한데 칭찬은커녕 주변의 걱정 어린 눈빛만 느껴집니다. 또 다른 질문을 던져보겠습니다. 당신은 향후 30~40년 살아갈 노후 준비는 되어 있나요? 아이들의 짐이 되는 것은 아닌가요? 곧 닥칠지 모를 노후 질병과 우울은 감당할 수 있나요?

막내가 독립을 외칠 때 우리가 할 일은 지원이 아니라 나의 독립입니다. 은퇴 후 제2의 인생을 살아야 하는 것이 바로 자신이니까 말입니다. 이제부터는 우리야말로 직장과 사회로부터의 독립, 자녀로부터의 독립이 필요합니다. 그동안 나를 눌러온 책임과 의무에서 기꺼이 독립을 외치고 자유를 선언합시다.

그러기엔 돈이 좀 부족한가요? 어쩌겠습니까? 자신이 지금껏 살아온 것의 결과이니 받아들입시다. 돈이 많으면 많은 대로 돈이 적으면 적은 대로 열심히 산 당신! 이제부터는 달리기를 멈추고 내 인생을 돌아봅시다. 내가 좋아하는 일로 시간을 채우고, 내가 좋아하는 사람을 만나고, 내가 하고 싶었던 것을 하나씩 해봅시다!

그런데… 무엇부터 해야 할까요?

성인이 되어 독립할 때 무엇부터 준비하나요? 집! 제2의 인생 준비도 마찬가지! 바로 집입니다.

'노후에 살 집', 바로 이것부터가 인생 후반 계획의 시작입니다. 노후에 살 집으로는 어떤 집이 적당할까요? 젊어서 한 치 앞을 모르고 마련했던 내 집. 불편해서 옮기고, 결혼 후 옮기고, 아이가 생겨서 옮기지는 않았나요? 노후에는 자신의 보금자리를 젊었을 때처럼 자주 바꾸기가 쉽지 않습니다. 체력도 재력도 비축해야지 낭비해서는 안 됩니다. 나이 들고 몸이 예전과 달라지면 의욕도 생기지 않는 법. 미리 10년, 20년을 내다보고 노후에 살 집을 마련해야 합니다.

지금 봐서 좋아 보이고 불편함이 없다고 해서 노후에 좋은 집은 아닙니다. 나이 들고 몸이 쇠약해져도 안전하게 지낼 수 있는 곳, 매달 지출되는 비용이 부담되지 않는 곳, 자산의 절반 이내로 구할 수 있는 큰돈이 묶이지 않는 집이어야 합니다. 노후에는 그 어느 것에도 묶이지 말고 자유로워야 합니다. 돈은 물론, 자녀와 주변 사람들과의 관계에서도 불편함이 없는 자유로운 마음으로 살아야 행복합니다.

이렇게 살기 위해서는 우선 무엇부터 해야 할까요? 바로 공부입니다. 노후에도 공부해야 합니다. 그동안 재미없고 의무로만 해야 했던 공부는 때려치웁시다. 이제는 내가 행복하게 살기 위해서 공부하기로 합시다. 우선 노후에 살 '나의 집'을 구하는 공부를 시작

건강하고 행복한 노후의 집

합시다. 나만의 행복한 노후를 보내기 위한 보금자리를 내 손으로 찾아냅시다. 돈이 좀 부족하면 어떤가요? 공부하면 나에게 딱 맞는 집을 지혜롭게 얻을 수 있습니다.

우리 부부는 전국을 돌아다니며 행복하게 살아가는 시니어들을 많이 만났습니다. 지혜로운 그들이 어떻게 그들에게 딱 맞는 좋은 곳을 찾아 재미나게 살고 있는지… 그들의 지혜에 귀를 쫑긋 세워 봅시다. 지금도 입이 귀에 걸린 듯 깔깔대던 그들의 천진난만 웃음 소리가 들리는 것 같습니다. 돈이 있다면 좀 더 쉬운 길이겠지만, 돈이 부족하다고 해서 마냥 걱정할 필요는 없습니다. 지혜를 가지면 됩니다. 이 책으로 당신의 지혜로움이 조금이라도 커지길 바랍니다.

공빠와 공마

목
차

PART 1

행복한 노후 보금자리의 조건

1. 노후 보금자리 선택을 위한 3가지 조건

2. 노후에 살 집, 언제 준비하는 것이 좋을까?

PART 2

노후 보금자리의 모든 것

1. 탁월한 선택, '실버타운'

4. 지혜로운 선택, '공공임대주택'

PART 3

행복한 노후 생활을 위한 목표 설계

3. 목표 3 '관계'

- 노후는 고국에서! 역이민 시니어
- 돈이 없어도 행복하고 당당한 시니어

에필로그   공빠네가 제안하는
             우리나라 특성에 맞는 노후에 살 집

행복한 노후 보금자리의 조건

노후 보금자리
선택을 위한 3가지 조건

　노후에 생활할 집은 왕성하게 활동하던 젊은 시절과는 다른 곳
이어야 합니다. 노후에는 젊은 시절과는 다르게 체력도 약해지고
생활비도 부족해질 수 있습니다. 그래서 70대 중반 이후 20년 이
상 살 집을 70대 초반까지는 미리 구해보는 것이 현명하겠죠. 가
능하면 자신의 재산 중 50% 이내에서 노후 주거지를 정할 것을 추
천합니다. 노후에 살아갈 집의 3대 조건을 알아보고, 자신에게 적
합한 노후 주거지를 찾아봅시다.

경제력	건강	여가
• 국민연금	• 주변 환경	• 노인복지관
• 기초연금	• 운동 여건	• 도서관
• 주택연금	• 병원	• 시민회관

경제력을 고려한 선택

무엇보다 현재 자신의 경제력에 맞는 곳을 선택해야 합니다. 노후에 살 집에서 건강하고 여유로운 생활을 하기 위해서는 목돈과 더불어 매월 일정한 현금이 필요합니다. 내가 가지고 있는 자산 중에서 일부는 주택 구입 자금으로 노후에 살 집을 구입하고, 나머지는 현금흐름이 잘 만들어질 수 있도록 준비해야 합니다. 만약 내가 가지고 있는 노후 자금이 4억 원이라면 2억 원 내에서 집을 마련하는 것이 좋습니다. 나머지 2억 원 중 6개월 생활비에 해당하는 금액은 비상금으로 남겨놓고, 남은 금액은 노후 생활 자금으로 쓸 수 있도록 금융투자를 하는 것이 바람직합니다.

건강하고 행복한 노후의 집

노후에 월 생활비가 어느 정도는 있어야 하는데, 자신이 가지고 있는 모든 자산을 집에만 사용하면 일상생활에 무리가 따릅니다. 그래서 주거에 드는 비용을 가능한 50% 이내로 한정해야 한다고 말씀드리는 거죠. 우리나라 가계의 순자산 평균을 살펴보면 2022년 기준으로 4.5억 원 정도입니다. 그중 순자산 보유액이 3억 원 미만인 가구가 전체의 44%로, 우리나라 두 가구 중 한 가구는 순자산 3억 원이 되지 않습니다.

| 2022년 가계금융복지 조사 결과 |

2. 순자산 보유액 구간별 가구 분포

전체 가구의 55.7%가 3억 원 미만의 순자산을 보유하며,
10억 원 이상인 가구는 11.4%임

2022년 3월 말 기준 순자산 보유액이 1억 원 미만 가구 29.5%, 1~2억 원 미만 가구 14.8% 등의 순이며, 3억 원 미만 가구가 전체 가구의 55.7%, 10억 원 이상 가구가 11.4%를 차지함

- 전년에 비해 1~2억 원 미만 보유가구의 비중은 1.1%p 감소하고, 8~9억 원 미만과 10억 원 이상 보유한 가구의 비중이 각각 0.8%p, 2.0%p 증가함

3. 고령 가구

(주거 특성) 고령 가구는 대부분 자가(75.7%)에 거주하고 있으며, 아파트에 거주 하는 비율이 가장 높은 것으로 나타났다.

*   고령 가구 : 가구주의 연령이 만65세 이상인 가구
**   고령 가구 점유형태 : 자가 75.7%, 임차 19.6%, 무상 4.7%
*** 고령 가구 주택유형 : 아파트 44%, 단독 43.4%, 다세대 7.1%

그런데 고령 가구의 주거 특성을 살펴보면 대부분(75.7%)이 자가에 거주하고 있으며 아파트에 사는 비율이 가장 높습니다. 자가에 거주한다는 말은 순자산의 대부분이 집에 묶여 있다는 뜻이

죠. 즉 고령 가구는 대부분의 자산이 주택에 묶여 있고, 그 주택 가격은 1~2억 원이라고 할 수 있습니다. 또 자산 유형별 보유액 및 구성비를 보면, 60세 이상 가구주의 실물자산 구성비는 83%로 실제 쓸 수 있는 금융자산은 고작 17%에 불과합니다. 게다가 그 17%를 전부 활용할 수 있는 것도 아닙니다. 금융자산에는 국민연금, 보험 등 즉시 활용할 수 없는 자산이 포함되어 있기에 실제 사용할 수 있는 돈은 10% 이하, 즉 순자산이 1~2억 원인 가구라면 1,000~2,000만 원이라고 생각할 수 있습니다. 비상금 외에는 노후 생활비가 없는 것과 다름없죠.

| 자산 유형별 보유액 및 구성비 |

(단위: 만 원, %)

		자산	금융자산		실물자산		부동산		기타
			저축액	전세, 월세 보증금		구성비		거주 주택	
전체		54,772	12,126	8,548	3,577	42,646	77.9	40,355	25,496	2,292
가구주 연령 대별	39세 이하	36,333	12,489	5,555	6,934	23,844	65.6	21,927	15,648	1,917
	29세 이하	13,498	7,728	2,313	5,415	5,770	42.7	5,089	3,614	681
	30~39세	41,246	13,514	6,253	7,261	27,732	67.2	25,549	18,237	2,183
	40~49세	59,241	14,315	9,444	4,871	44,927	75.8	42,167	29,348	2,759
	50~59세	64,236	14,674	11,413	3,261	49,562	77.2	46,662	28,539	2,899
	60세 이상	54,372	9,219	7,574	1,645	45,153	83.0	43,329	25,728	1,824

현재 어르신들이 이런 상황이기에 공빠네는 노후에 살 집에 사용할 금액으로 순자산의 50% 이내가 적절하다고 보는 것입니다. 순자산의 83%가 주택에 묶여 있는 것은 내 몸에 맞지 않은 옷을 입고 있는 것과 마찬가지입니다. 집은 있지만 여유는 없고, 돈은 열심히 벌어두었지만 쓸 수가 없는 상황인 겁니다. 그래서 우리는 어르신들이 노후에 살 집에 사용할 비용을 줄여서 노후 생활비에 활용하고, 자녀에게 용돈을 받으며 사는 것보다는 용돈을 주면서 사는 노후를 보내시길 바랍니다.

또한 자신에게 맞는 노후에 살 집을 찾고, 그 집을 주택연금에 가입하여 노후 생활비에 보태기를 바랍니다. 주택연금을 들게 되면 집값이 오르지 않아도 신경 쓸 것 없이 안정적으로 생활할 수 있습니다. 주택연금을 조금 더 자세히 알아보겠습니다. 최근에는 주택연금에 관심을 가지는 어르신이 많이 늘고 있는데요. 주택연금을 들면 집값이 오르지 않더라도 여생을 건강하고 편안하게 보낼 수 있는 큰 장점이 있습니다. 현재 주택연금 이용 현황을 보면 평균 연령은 72세, 평균 월 지급금은 116만 원, 평균 주택가격은 3.6억 원입니다. 그런데 주택연금 가입자는 전체 노인 인구의 1.6%로 매우 적은 수준입니다. 65세 인구가 900만 명 정도인데 주택연금 가입자가 약 10만 명이니, 시니어 가구를 부부 가구로 가정해 보면 900만 명 중에 20만 명 정도가 주택연금의 혜택을 보고 있는 것이죠.

지역선택	전국	▼	조회하기

평균 연령주
72 세

평균 월 지급금
116 만 원

평균 주택가격
3.6 억 원

그렇다면 주택연금에 가입하면 월 수령액이 얼마나 될까요? 주택연금에 가입하면 70세 기준 1억 원의 주택에서 약 30만 원을 수령할 수 있고, 3억 원의 주택이라면 90만 원을 받을 수 있습니다. 실버타운도 주택연금 가입이 가능한데요. 월 임대료를 납부하는 입주 형태가 아닌, 본인 명의의 분양형 실버타운에서는 가능합니다.

그리고 경제적으로 어려운 어르신들을 위해 우대형 주택연금 제도도 있는데요. 우대형 주택연금은 집값이 2억 원 미만인 경우에 가입이 가능한데, 일반적인 주택연금보다 최대 약 20% 가까운 월 연금액을 더 지급받게 됩니다.

[더 알아보기]

주택연금 시뮬레이션

2023년 주택연금 시뮬레이션(2023.1.16. 기준) 70세 종신지급 정액형

주택가격 (원)	월 수령액 (원)	연 수령액 (원)	순수 손익분기 기간	장수 목표
7,000만 (우대형)	244,640	2,935,680	23.8	93.8
1억(우대형)	349,490	4,193,880	23.8	93.8
1억 3,000만 (우대형)	454,340	5,452,080	23.8	93.8
2억	617,000	7,404,000	27	97
3억	926,000	11,112,000	27	97
4억	1,234,000	14,808,000	27	97
5억	1,543,000	18,516,000	27	97

공빠네가 얼마 동안 주택연금을 받아야 자신이 소유한 집값을 다 소진할 수 있는지 시뮬레이션을 해봤는데요. 우대형 주택연금에 가입했다면 순수 손익 분기 기간인 23.8년으로 70세에 가입했다면 93.8세부터 투자한 금액보다 이익이 더 커집니다. 즉 주택연금을 알뜰하게 잘 활용하기 위해서라도 장수 목표를 93.8세로 세울 필요가 있겠네요. 주택연금은 이익에 비해 가입자 수 가 굉장히 적습니다. 잘 몰라서 혹은 잘못 알고 있기에 가입률이 떨어지는 것 일 텐데요. 경쟁자가 적을수록 더 유리한 조건으로 연금을 받을 수 있기에 그 기회를 놓치지 않았으면 좋겠습니다.

최근에는 신탁 방식 주택연금 가입도 많이 늘고 있습니다. 예전에는 주택연금에 가입할 때 주택연금공사가 보증을 서고, 은행에 저당을 설정한 다음 은행이 대출해 주는 형식이었습니다. 즉 소유권은 본인에게 있지만, 저당을 통해 소유권을 마음대로 할 수 없도록 한 것이죠. 이 방식에는 하나의 문제가 있었는데, 만약 부부 중 한 사람이 죽게 되면 상속에 있어 문제가 생길 수 있다는 것입니다. 최악의 경우 자녀들이 모두 동의하지 않는다면 돌아가신 분의 배우자가 연금을 받지 못하게 되는 경우도 발생할 수 있죠. 그런데 신탁 방식으로 주택연금에 가입하면 이런 분쟁 상황을 대비해 신탁 계약을 진행한 것이기에, 자녀들이 주택연금에 간섭할 수 없습니다. 꼭 자녀들과의 분쟁 대비 차원이 아니더라도 법적으로 더 깔끔해지는 장점이 있기에 요즘에는 신탁 방식으로 주택연금에 가입하는 어르신들이 늘어났습니다.

물론 주택연금만으로 노후 생활비를 충당할 수 없기 때문에 경제적 조건을 충족하기 위한 다른 요소도 고려해야 합니다. 국민연금연구원의 자료를 보면, 노후에 필요한 최소 생활비와 적정 생활비가 나와 있는데 일반적으로 부부 기준 평균 최소 생활비는 200만 원 정도가 필요합니다(적정 생활비는 277만 원). 은퇴 후 노후에 월 200만 원 이상의 생활비를 마련하는 것이 쉬운 일은 아닙니다. 일을 그만두었기 때문에 고정수입을 거두기가 그만큼 힘들어진 것이죠.

　그래서 공빠네는 노후 생활비 월 200만 원을 만드는 방법을 연구해 봤는데요. 부부의 경우 국민연금으로 60만 원 이상, 기초연금으로 51만 원을 받고, 거기에다 주택연금을 보태면 일정 수준의 고정적인 수입을 마련할 수 있습니다. 나머지 부족한 금액은 금융투자를 통해 충당하는 방법을 활용하고요.

　먼저 **국민연금**을 알아보겠습니다. 국민연금은 소득이 있는 대한민국 국민이라면 누구나 가입해야 하는 연금입니다. 이 연금은 사회보장제도로서 기능을 하고 있는데, 노후 생활비의 기초가 되기도 합니다. 국민연금은 10년 이상 납입해야 하고 물가상승률에 따라 지급액이 오르는데요. 소득재분배 기능이 있기에 적게 낸 사람은 많이 받고, 많이 낸 사람은 상대적으로 적게 받는다는 특징이 있습니다. 그래서 국민연금을 받을 수 있는 상황이라면 반드시 받는 것이 현명한 선택입니다. 최소 납입 기간이 10년이니까, 만약 중간에 연금 납부를 멈췄다면 다시 납부하거나 밀린 납부금을 추가 납입하는 것이 좋습니다. 현재 국민연금의 평균 월 수령액은 58만 원 정도로 노후 생활비 목표액인 200만 원 가운데 1/4을 차지하는 금액입니다.

　국민연금은 수령액을 높이는 것이 중요한데, '반납(반환일시

건강하고 행복한 노후의 집

금 반납)', '임의계속가입' 등으로 가입 기간을 늘리는 것이 좋습니다. 그리고 부부 중 한 사람이 아니라 모두가 국민연금을 받도록 준비하는 것이 중요합니다. 부부 중 한 사람이 소득이 없더라도 '임의가입(희망가입)'으로 납부하면서 국민연금을 최대로 받을 수 있도록 하면 노후 생활비 마련에 큰 도움이 됩니다.

다음으로 노후 생활비 중 **기초연금**을 살펴보겠습니다. 기초연금은 재산과 소득이 있어도, 국민연금과 중복해서 수령할 수 있습니다. 여기에 주택연금까지 받으면 더 유리해지는데요, 기초연금은 우리나라 국민 10명 중 7명이 받을 수 있도록 설계되어 있습니다. 국내에 거주하는 한국 국적의 만 65세 이상으로, 소득인정액이 기준금액 이하면 기초연금 수령 대상자가 됩니다. 기초연금은 1인 가구가 월 최대 32만 3,180원을 받을 수 있고, 부부 세대는 월 최대 51만 7,080원을 수령할 수 있습니다.

그렇다면 기초연금 대상자 선정 기준이 중요할 텐데요. 기초연금은 단독 가구 기준 월 202만 원, 부부 가구 기준 월 323만 원이 소득인정액입니다. 소득인정액은 월 소득평가액에 재산의 월 소득환산액을 더한 것으로, 월 소득과 재산을 합쳐서보는 기준이라고 생각하면 됩니다. 소득인정액 기준은 매년

상승하고 있기에, 올해 기초연금을 수령하지 못했더라도 매년 확인해서 혜택을 꼭 받으시길 바랍니다.

기초연금에서 가장 중요한 부분은 바로 신청하지 않으면 주지 않는다는 점입니다. 조건을 모두 만족하는 어르신이라도 정보를 알지 못해 신청하지 않으면 받을 수 없는 것이죠. 그래서 만 65세가 되는 생일 전달에는 무조건 신청해서 자신이 연금 수령 대상자인지 반드시 확인하는 것이 좋습니다. 그런데 모든 조건을 만족하더라도 고급 자동차나 회원권이 있으면 복지 혜택 대상자가 아닌 것으로 간주합니다. 그리고 주택연금을 받고 있다면 기초연금 수령이 상당히 유리해집니다. 주택연금을 신청하면 재산 산정 기준에서 유리해지고 주택연금을 받는 금액은 부채로 간주되어 기초연금을 수령할 수 있는 가능성이 더욱 커집니다.

마지막으로 **금융투자**를 통한 생활비 마련입니다. 앞서 설계한 국민연금과 기초연금, 주택연금으로 대부분의 생활비를 마련했다면 월 30만 원 정도를 금융투자 하여 생활비를 충당해야 할 텐데요. 월 30만 원이니까 1년에 360만 원은 금융투자로 돈을 벌어들여야 합니다.

투자 4%의 법칙을 알고 있나요? 4%의 법칙은 물가상승률을 고려했을 때, 투자를 한다면 매년 원금의 4%를 써도 원금이 유지된다는 법칙입니다. 즉 매년 360만 원의 여윳돈을 얻기 위해서는 원금 약 1억 원을 투자할 수 있는 상황이어야 한다는 말입니다. 갑자기 1억 원이라는 큰돈을 마련하기는 쉽지 않습니다. 하지만 이를 미리 준비한다면 상황은 달라지죠. 현재 자신이 노후를 준비하는 50세라고 한다면, 20년 동안 7.2%의 기대수익률 투자를 하기 위해 2,500만 원이 있으면 됩니다. 만약 목돈이 없다면 50세부터 20년 동안 매월 20만 원을 저축하는 것도 방법입니다. 이렇게 20년간 저축한 돈은 70세부터 생을 마감할 때까지 생활비로 활용한다고 생각하면 되는 것이죠.

　건강에 도움이 되는 곳, 즉 살고자 하는 노후에 살 집 인근에 공원, 병원, 산책로 등이 있는 지역을 선정해야 합니다. 맑은 공기와 깨끗한 물이 있고 한가롭고 여유로운 생활을 할 수 있는 환경이 갖춰진 곳이면 금상첨화입니다. 나이가 들수록 좋은 공기를 마셔야 하고 좋은 호흡을 통해서 몸 안에 있는 좋은 기운을 잘 소통시킬 수 있어야 합니다.

　그리고 젊은 시절에는 큰 문제가 되지 않지만, 나이가 들수록 병원 가까이에 사는 것이 좋습니다. 노후에는 몸이 약해져 어쩔 수 없이 자주 아프게 되는데요, 이럴 때 즉시 치료가 되어야 하고 응급상황에 대처할 수 있는 여건이 마련되어야 건강한 삶을 유지할 수 있습니다. 보통 사람들은 노후 주거지로 전원생활을 많이 생각하지만, 오히려 도시생활이 건강을 유지하는 데 더 유리할 수도 있습니다. 바로 의료 인프라 때문이죠. 도시에서 멀리 떨어진 곳은 동네의원을 가기에도 불편하고, 대형병원도 지역 거점병원 외에는 많지 않은 현실입니다. 다만 대도시는 혼잡하고 환경적으로도 생활하기에 좋지 않으니, 중소도시를 위주로 건강을 살필 수 있는 지역을 물색하는 것이 바람직합니다.

　병에 걸리지 않거나 병에 걸리더라도 빠르게 회복하기 위해서는 규칙적으로 운동해야 합니다. 특히 나이가 들수록 근력 운동에 시간을 더 써야 하며 산책이나 걷기와 같은 유산소 운동이 필수적입니다. 그래서 노후에 살 집 근처에 체육관이나 수영장, 노인복지관 같은 곳이 있는지 반드시 살펴봐야 합니다. 이 밖에도 어르신들은 삼시 세끼를 챙기는 것이 무리가 될 수 있습니다. 한두 끼 정도는 주변에서 해결할 수 있는 노인복지관이나 식당가가 있는 곳 역시 노후에 살 집을 결정하는 데 중요한 요소입니다.

'건강을 고려한 주변 환경' 핵심 포인트

● **환경**

물이 좋고 공기가 좋은 곳이 최고입니다.
근처에 숲이나 공원, 호수 등이 있는 곳이 좋습니다.

● **운동**

근력 운동과 유산소 운동을 병행하는 것이 바람직합니다.
근처에 체육관, 수영장, 노인복지관같이 운동할 수 있는 환경이 있는 곳이
좋습니다.
특히 수영은 관절에 무리가 덜 가기에, 나이가 들어도 하기 좋은 운동입
니다.

● **병원**

병세권이라는 말이 있듯이 근처에 병원이 있는 곳으로 알아보세요.
아플 때나 응급상황 시, 제때 치료받는 것이 매우 중요합니다.

나이가 들수록 시간은 많은데 아이러니하게도 시간이 더 빨리 간다고 느끼게 됩니다. 뇌 과학자들은 살던 대로 계속 살다 보면 뇌가 시간이 빠르게 간다고 느낄 수 있다고 설명하죠. 반대로 뇌는 다양한 경험을 하게 되면 시간이 느리게 간다고 인지합니다. 그래서 노후에 내게 주어진 많은 시간을 행복하게 보낼 수 있는 방법은 바로 다양한 경험을 하는 것이죠.

노후에 여가생활을 즐기기에는 **노인복지관**만 한 곳이 없다고 생각합니다. 노인복지관은 어르신들에게 특화된 복지 서비스를 제공합니다. 전국의 시군구마다 노인복지관이 거의 다 있으며, 혹시 없는 곳에는 종합복지관에서 노인복지 서비스를 대신하도록 되어 있습니다. 노인복지관의 다양한 프로그램을 잘 활용하면서 친구도 사귀고 행복한 시간을 보낸다면 시간도 천천히 흐르고 보람도 느낄 수 있을 겁니다.

노인복지관의 장점은 많은 곳이 경로식당을 운영한다는 점입니다. 3,000원 정도의 비용으로 건강한 한 끼를 해결할 수 있는데, 이는 정부에서 식비 보조를 해주고 있으므로 저렴한 가격에 영양가 있는 식단의 음식을 제공받을 수 있는 겁니다. 노인복지관에서 식사하면 혼자서 식사하는 것보다 훨씬 더 건강을 유지하는 데 도움이 됩니다. 이 밖에도 노인복지관은 이발소, 미용실과 목욕탕을 운영하기도 하고 탁구장, 당구장 등의 운동시설도 이용할 수 있어 어르신들께는 더할 나위 없이 좋은 곳입니다.

또 여가생활을 즐기기에 좋은 곳으로 **도서관**을 빼놓을 수 없습니다. 도서관은 사계절 휴식이 가능한 충전의 아지트이기도 합니다. 책을 볼 수 있는 것뿐만 아니라 영화 감상, 인터넷 검색도 할 수 있죠.

도서관처럼 교양을 쌓고 시간을 보낼 수 있는 공간으로는 시민회관이나 미술관, 박물관 등이 있습니다. 문화생활, 예술생활에 관심을 가지고 공부하다 보면 노후 생활이 지루하지 않고 즐거움으로 물들 겁니다.

'행복한 여가생활' 핵심 포인트

● 복지관

경로식당은 복지관의 큰 장점입니다.
복지관에서는 다양한 프로그램에 참여할 수 있습니다.
다양한 프로그램이나 시설을 활용하면서 새로운 친구를 사귈 수 있습니다.

● 도서관

도서관은 독서뿐만 아니라, 인터넷도 사용 가능합니다.
도서관에서는 영화 감상이나 DVD 등 영상 매체를 시청할 수도 있습니다.
도서관에서 진행하는 다양한 프로그램에 참여할 수 있습니다.

● 시민회관

문화생활을 즐기면 삶이 풍요로워집니다.
박물관이나 미술관에서 교양을 쌓는 것도 좋습니다.
음악이나 미술 등 다양한 예술 활동을 즐겨보는 것도 좋습니다.

노후에 살 집,
언제 준비하는 것이 좋을까?

우리는 노후에 살 집을 언제부터 준비하는 것이 좋을까요? 우선 노후에 살 집을 생각하기 전에 진정한 은퇴의 의미를 되새길 필요가 있습니다. 보통 한국 사람들은 평생 일하며 일 중독으로 살아가는 경우가 많습니다. 사회생활을 하면서 책임감, 성실함, 착한 사람, 좋은 사람이 되기 위해 모두가 열심히 일하게 되는데요, 또 거기에는 가족을 책임져야 한다는 의무감이 매우 커 알게 모르게 스트레스를 축적하며 살아가곤 합니다. 그래서 사람들은 여러 가지 이유로 일을 놓고 살 수 없기에 일하는 것을 즐기지 않으면 더 괴로울 것이라 여기며 일에서 모든 의미를 찾고자 합니다. 이렇게 살다 보면 어느 순간 일 중독에 빠진 자신을 발견할 수 있죠.

하지만 은퇴를 결심했거나 은퇴를 했다면 여기에서 멈춰야 합니다. 나이가 들고 노화가 찾아오기 시작하면 같은 강도의 일이라도 몸에는 큰 무리가 될 수 있습니다. 그러면 당연히 몸이 병들게 되고 남은 인생을 고통으로 보낼 가능성도 커지는 것이죠. 나중에 자세히 설명하겠지만, 한국인의 건강수명과 기대수명에는 10.4년이라는 차이가 있습니다. 즉 10년 넘는 기간을 아픈 상태(유병기간)로 살아갈 가능성이 크다는 겁니다. 그런데 은퇴 이후에도 일 중독으로 인해 마음 편할 날이 없다면 유병기간은 더 길어질 수 있습니다. 나이가 들어 병이 찾아오면 정말 불행합니다. 자신의 불행뿐만 아니라, 자녀들에게도 짐이 됩니다.

많은 어르신이 집 한 채만이라도 자녀에게 남겨주겠다며 제대로 먹지 않고 마음껏 쓰지 않고 절약하시다가 몸이 약해지는 경우를 종종 볼 수 있습니다. 이런 생활을 하다 보면 돌아가시기 전 1~2년 사이에 물려주려던 그 재산마저 병원비와 간병비로 다 쓰게 됩니다. 정말 안타까운 일이죠.

그렇다면 은퇴 후 건강한 삶을 위해서 어떤 준비를 해야 할까요? 바로 지금부터 은퇴 이후의 삶을 그려봐야 합니다. 지금과는 다른 생각, 다른 생활 습관으로 건강하고 행복하게 노후를 보낼 수 있도록 준비하고, 노후를 행복하게 보낼 터전을 마련해 나가는 것이 현명합니다. 간혹 일하지 않고 사는 은퇴 이후의 삶이 막막하다고 말씀하시는 어르신도 있습니다. 하지만 그런 걱정은 기우에 불과합니다. 그간 삶을 살면서 모든 생각과 관심은 돈 버는 것에 쏠려 있었습니다. 은퇴했다면 이제는 돈 생각에서 벗어나야 할 때입니다. 은퇴 후 여유로운 시간을 활용해 자신의 인생을 돌아보기도 하고, 더 나아가 지구와 환경을 생각해 보기도 하고, 예전에 읽지 못했던 책도 읽고, 각종 문화생활을 즐겨보는 겁니다. 우리가 이 세상에 태어난 이유가 평생 일하고 돈 벌기 위해서만은 아닐 겁니다.

은퇴 이후부터 70세까지는 남은 삶을 위해 반드시 준비해야 합니다. 그 출발선이 바로 '노후에 살 집'을 마련하는 것입니다. 집 마련은 노후 생활 준비 중에서도 가장 많은 돈이 들기 때문에 자신의 상황에 맞게 잘 준비해야 합니다. 힘이 있고, 여유가 있고, 자신감이 있을 때, 그 에너지를 건강한 여생을 보내는 데에 쓰는 준비를 하는 것이죠.

자, 그럼 이제부터 노후에 살 집을 준비하는 시기를 2단계로 나눠 알아보겠습니다.

1단계는 말 그대로 준비 시기입니다. 1차 준비 시기는 퇴직 후 60세 이전까지의 시기인데요. 이때는 가족 구성원의 상황, 재취업이나 창업 계획을 고려해야 합니다. 이 같은 고민은 가장이 혼자서 혹은 부부끼리만 하는 것이 아니라, 가족 전체가 고민하고 계획하는 것이 좋습니다.

만약 자녀가 성인이 되어 독립한 상황이거나 퇴직과 자녀의 졸업으로 더 이상 지금까지 살던 지역에 꼭 남아 있을 필요가 없어졌다면, 더 효율적이고 가성비가 좋은 집으로 옮길 준비를 하는 것을 고려했으면 합니다. 현재 사는 집을 그대로 유지하면서 새로운 것을 계획하는 것보다는 살던 집을 옮길 준비를 하고 거기에 맞춰 재취업이나 창업 등 하고 싶은 일을 준비하는 것이 더 자유로울 수 있습니다.

일하면서도 생활이 가능한 실버타운을 선택해도 좋고, 경제적 여건이 그리 넉넉지 않다면 공공임대주택을 알아보는 것도 좋은 방법입니다. 그것도 아니라면 공빠네가 추천하는 노후를 보내기에 알맞은 실버하우스나 일반 아파트를 물색해 보는 것을 추천합니다.

노후에 살 집 준비 1단계를 잘 마쳤다면, 2단계에서는 1단계에서 세웠던 계획을 실행합니다. 2단계의 실행 시기는 노후에 살 집을 계획한 후 60세부터 70세까지의 시기인데요. 여기서 중요한 점은 최소한 70세 이전에는 반드시 실행해야 한다는 겁니다. 왜냐하면 대부분의 어르신은 70세 이후부터 급격하게 몸 상태가 안 좋아지기 때문이죠.

이러한 이유로 70세 이후에는 삶에 큰 변화를 도모하기 힘들기 때문에, 60세 이전까지 철저하게 계획해서 70세 이전에는 노후에 살 집으로 거주지를 옮겨 노후를 보내는 것이 좋습니다. 이렇게 70세 전까지 안정적이고 편안한 노후를 위한 집을 준비했다면, 남은 30년은 건강하고 행복하게 보낼 수 있을 것입니다.

노후에 살 집을 미리 준비하라는 것은 은퇴에 대해 진지하게 고민하라는 의미와도 같습니다. 앞서 말했듯이 많은 어르신들이 나이가 들어도, 힘에 부쳐도 계속 일을 하고자 하는데, 현재 자신이 일 중독은 아닌지 꼭 점검해서 지금부터라도 행복한 노후를 설계해 보기를 바랍니다.

퇴직과 은퇴 시기

2022년 미래에셋투자와 연금센터의 <늦어지는 은퇴, 생애주기 수지적자에 대비하라>라는 보고서에 따르면 최근 취업 연령이 갈수록 올라가 평균 31세로 조사되었습니다. 가장 오래 근무한 직장에서 근무한 평균 근속연수는 12.8년이고, 퇴직하는 평균 연령은 49.3세입니다. 그런데 중요한 것은 자신이 퇴직하고 싶어서 회사를 그만두는 것이 아니라 사업의 부진이나 정리해고, 직장의 휴·폐업 등 부득이한 상황으로 퇴직하는 비율이 41.3%에 달했다는 것입니다. 정년까지 근무하는 비율은 9.6%로 10명 중 1명도 되지 못합니다.

반면 전국경제인연합회의 <2022년 중장년 구직활동 실태조사> 자료에 따르면 현재 중장년층의 은퇴 희망 연령은 69.4세로 나타났고, 실제 평균 은퇴 연령은 72.3세로 조사되었습니다. 이 말은 한국인의 건강수명(질병이나 부상 없이 언제까지 건강하게 살 수 있는지 나타내는 수치)인 73.1세까지, 즉 건강할 때까지는 일하면서 살아간다는 의미이죠. 그렇지 않아도 건강수명은 줄고 기대수명은 늘고 있는 상황인데, 노후의 삶을 준비하는 시기까지 일만 한다면 아픈 몸으로 노후를 보내는 시간이 더욱 길어질 수밖에 없습니다. 일에 대한 강박에서 벗어나, 건강한 제2의 삶을 누리기 위해 준비하는 시기를 꼭 가지는 것이 좋을 것 같습니다.

실버타운에서
건강을 다시 찾은
시니어

 림프종암 4기를 극복한 시니어 이야기

"내가 지금 여기에 오지 않았더라면 죽었을 수도 있었을 거 같아요.

음식도 맛있고 직원들도 잘 대해주고, 정말 행복하게 잘 살고 있습니다"

청심빌리지 김우중 아버님(75세)

Q 언제 입주하셨나요?

A 여기 온 지가 벌써 4년이 되어가는데요, 입주하기 전에 체
중이 12kg이나 줄어들 정도로 아픈 상태로 들어왔어요.
그래서 처음에는 많은 어려움을 겪었습니다.

Q 어디가 아프셨나요?

A 제가 지금 제2의 인생을 살고 있습니다. 림프종암 4기였어요. 항암 치료를 받다가 폐렴까지 와서 정말 죽는 줄만 알았어요. 완전히 포기한 상태나 마찬가지였죠. 더군다나 와이프가 저를 간병하다가 하늘나라로 떠나게 되었어요. 사별하고 한 달 정도 혼자 생활을 했었는데, 도저히 혼자서는 제대로 된 생활을 할 수가 없어서, 아들이 실버타운을 권해서 여기에 들어오게 되었죠.

Q 어떻게 이곳을 선택하게 되었죠?

A 일단 혼자 지내면 먹는 것을 해결하는 게 매우 어려워요. 몸 상태도 안 좋았으니 균형 있게 식사를 준비하기는 더 어려울 수밖에 없죠. 또 아들들이 외국에 있었고 아내는 사별했으니 아들이 안 되겠다 싶었는지 실버타운을 권유했는데, 하루 체험을 해보고 마음에 들어서 들어오게 되었어요.

건강하고 행복한 노후의 집

Q 처음 실버타운 적응은 어떠셨나요?

A 집단생활이라는 것을 처음 해보게 되었는데, 처음에는 어려운 점이 굉장히 많았어요. 솔직히 나가고 싶은 마음도 있었고요. 그래도 다행히 제가 좋아하던 명상이 많은 힘을 줬어요. 당시에는 건강이 정말 안 좋았으니 명상과 운동에 집중했죠. 명상, 파크골프, 헬스를 1~2년 꾸준히 했어요. 일과를 정말 건강을 찾고 지키는 데에 대부분 썼던 것 같아요. 그러다 보니 1년이 지나니 정말 느껴져요. 건강이 매우 좋아졌다는 걸요. 지금은 처음 들어올 때보다 체중이 12kg 다시 쪘어요. 매우 건강해졌다는 거죠. 의사 선생님이 기적이라고 말할 정도였어요. 지금은 완전히 적응해서 새 인생을 살고 있습니다.

Q 지금은 어떻게 생활하고 있으신가요?

A 명상, 파크골프, 운동은 지금도 꾸준히 하고 있어요. 몸이 아플 때는 책도 읽히지 않았고 일기도 써지지 않았는데, 지금은 건강을 되찾아서 책도 읽고 공부도 하고 일기도 쓰고 있어요. 정말 행복하고 만족스러운 생활을 하고 있습니다.

Q 직원들은 어떤가요?

A 제가 어려운 점이 있으면 본부장님을 비롯한 직원들이 심리 상담을 해줘요. 한창 몸이 아플 땐 심리적으로 매우 우울했었는데, 늘 직원들이 힘이 되었죠. 아마 제가 죽을 때까지 그 은혜를 잊지 않을 겁니다. 무척 고맙게 생각하고 있습니다.

 홀로된 이후 파킨슨병에 걸렸지만, 다시 건강을 찾은 시니어

"자녀들이 한 달에 3~4번씩 오는데, 제가 실버타운에서 생활하는 것에 대해 겉으로 내색은 하지 않지만, 애들도 내심 만족하는 것 같습니다. 저도 건강을 되찾은 강서타워에서의 생활이 매우 만족스럽고 좋습니다"

서울시니어스 강서타워 이충남 아버님(79세)

Q 몸이 아프셨다던데, 어떻게 치료하고 있으신가요?

A 제가 11년 전에 큰 병에 걸렸어요. 아주 고약한 병이었는

데, 어려움을 많이 겪었습니다. 지금은 여기 와서 치료 중입니다. 강서타워의 운동팀에서 처방해 준 운동을 통해 10개월째 꾸준히 치료를 받고 있습니다.

Q 운동 전후로 건강의 변화가 있으셨나요?

A 처방을 받고 이를 악물고 운동을 했어요. 운동을 하니 많은 것이 변했어요. 특히 마인드가 긍정적으로 바뀐 것이 가장 컸죠. 옛말에 "건강한 신체에서 건전한 정신이 깃든다"라는 말이 있지 않습니까. 그동안 몸이 아파 너무나 소극적이고 대인기피증까지 있었는데, 몸이 건강해지니 상당히 긍정적인 마인드를 가질 수 있었고 행동도 많이 달라졌습니다. 사람을 대하는 것도 스스럼없이 가까이 다가갈 수 있을 정도가 되었습니다.

Q 운동 전의 몸의 상태는 어땠나요?

A 고등학교 시절부터 체중이 평균 60kg이었어요. 그런데 몸이 아프니 48kg까지 살이 빠졌어요. 몸이 그냥 너무 가벼

워져서 굉장히 걱정했는데, 여기에 와서 운동 처방대로 2개월 정도 운동을 하니 내 스스로 뭔가 달라지고 있구나 하는 것을 느꼈어요. 6개월 정도 지나니 체중이 58kg 이상 되었습니다. 평상시의 컨디션을 강서타워에서 찾게 된 겁니다.

Q 하루에 운동은 어떻게 하고 있나요?

A 하루에 90분 정도 하는 것 같아요. 걷기도 하고 포켓볼도 1시간 이상 치고 있습니다. 근처의 우장산은 아직 가보지 못했지만, 조금 더 건강해지면 산행도 할 수 있을 것 같습니다.

Q 실버타운에서 한 달 생활비는 어느 정도인가요?

A 한 달 생활비는 관리비와 식비를 합쳐서 200만 원 정도가 고정비로 들고 있습니다. 처음에는 그 돈이 큰 줄 알았는데, 집에서 생활할 때보다 소비가 훨씬 줄어들었다는 걸 느꼈어요. 돈도 아낄 수 있고, 여기서의 생활비가 값비싼 것이 아니라는 것을 생활하면서 새삼 느끼게 됩니다.

건강하고 행복한 노후의 집

Q 이곳에서의 식사는 어떻게 하고 있나요?

A 한 달에 85~90끼로 거의 하루 세끼를 다 챙겨 먹고 있습니다. 식사는 정말 만족합니다.

Q 실버타운에 입주하고 친구들은 많이 사귀셨나요?

A 예전부터 잘 알고 지낸 친구들도 한 번씩 방문하고 같이 식사하고 있습니다. 여기 입주하신 분들의 나이대가 평균 88세라고 들었습니다. 제가 어린 편에 속하죠. 어르신들이 저를 영계라고 부릅니다. 하하. 어르신한테 좋은 말씀도 많이 듣고 다양한 분야에서 사회생활했던 분들이 많아서, 배우는 것도 많습니다.

남편이 이거 하나는 정말 잘한 것 같아요!

"하고 싶은 걸 할 수 있어서 정말 좋아요. 처음에 남편이 실버타운에 들어가자고 했을 땐, 왜 들어가야 하나 하고 생각했는데, 막상 들어와 보니 나랑 딱 맞더라고요. 남편이 한 일 중 이것만은 제일 잘한 것 같아요"

서울시니어스 강서타워 조정자 어머님(82세)

Q 이곳에 온 지 얼마나 되었고, 어떻게 들어오셨나요?

A 2003년 2월에 들어왔으니 20년이 다 되었네요. 제가 63살에 여기에 왔는데, 처음에 남편이 가자고 해서 내가 "아유 내가 왜 노인네들 하고 사나" 하며 싫다고 했어요. 근데 언제부턴가 남편이 내가 음식을 하면 싱겁다, 짜다 하고 그러기에 내가 실버타운에 전화해서 자리 있는지 물어보고 바로 들어오게 되었죠. 들어와서 생활해 보니 정말 들어오길 잘했다는 생각이 들었고, 남편이 여태 한 일 중에 제일 잘한 일이라는 생각이 들었어요.

Q 혼자되셨다고 들었는데, 사별하시고 힘든 건 없었나요?

A 여기서 한 9년 같이 살았어요. 만약에 남편이 떠났는데 내가 예전에 살던 곳에서 살았으면 우울증에 걸렸을 수도 있었을 거예요. 남편을 떠나보내고 처음에는 부끄러운 감정이 있어서 딸네 집에서 지내고 그랬는데, 사람들이 와서 같이 놀자고 하고 어울리다 보니 많이 나아졌죠. 여기 이사 오길 참 잘했다는 생각을 했어요. 또 남편 가고 나서 종교생활을 시작했는데, 잡념도 사라지고 잘 이겨낼 수 있었어요.

Q 종교를 가지니 어떠신가요?

A 종교생활을 하길 정말 잘했다는 생각을 해요. 코로나 시기에 할 것도 많지 않고 또 평소에 하지 못했던 봉사도 하고 이래저래 바쁘게 살다 보니 제 나이보다 젊게 생활하는 것 같고, 또 정말 젊어지는 기분이라 정말 좋아요.

Q 실버타운에 여러 프로그램이 있는데,
가장 잘하는 활동이 있다면?

A 여기 와서 포켓볼도 배우고, 지금은 보드게임을 자주 해요. 하루에 한두 시간씩 했는데, 보드게임을 하면 시간이 참 빨리 가요. 저는 여기에 일찍 들어왔으니 많은 혜택을 받았고, 할 수 있는 프로그램은 다 할 수 있었어요. 그런데 요즘에 들어오시는 분들은 연세도 많고 몸이 불편하신 어르신들이 많아서 이런 혜택을 다 누리지 못하는 것 같아 아쉽다는 생각이 들었어요. 조금이라도 젊을 때 들어오는 게 이익인 것 같아요.

Q 하루는 어떻게 보내시나요?

A 월요일에는 오전에 기도 모임이 있고 오후에는 보드게임을 자주 하고 종종 산책도 다녀요. 화, 수, 목은 매주 체조가 있고, 금요일에는 노인대학에서 봉사하고, 일요일은 성당에 나가죠. 바쁘게 지내고 있습니다.

Q 자녀들은 걱정이 없겠네요.

A 아주 좋다고 하죠. 걔들도 얼마나 마음이 편하겠어요. 아이들에게 "너네는 너네들 건강 잘 챙기고, 나도 여기서 내건강 잘 챙길 테니 걱정하지 말라"라고 하니 마음이 놓이는 것 같았어요. 여기는 담배 피우는 사람도 없으니 오래 살아도 지저분하지 않은데, 딸 눈에는 부족했던지 여기저기 리모델링 해줘서 좋은 환경에 살고 있습니다. 제가 노후에 복이 많은 것 같네요.

Q 실버타운 생활이 무척 만족스럽게 보이네요.

A 좋죠. 좋으니깐 이렇게 살죠. 여기는 간호팀도 있고 직원들 교육도 잘되어서 다들 친절하고, 또 불편한 게 진짜 없어요. 운동팀도 너무 좋고 청소해 주는 것도 정말 최고로 잘해줘요.

자녀의 행복도
함께 만드는
시니어

 은퇴 다음 날 바로 실버타운에 입주한 부부 시니어

"실버타운을 오려는 사람 중, 좀 더 나이 들어서 온다고 하는데요. 그럴 필요가 없어요. 그냥 젊었을 때, 더 건강할 때 들어와서 내 건강 지키고 내 인생을 사는 게 더 보람 있는 것 같더라고요. 자녀들에게 아픈 부모가 되지 않는 게 좋지 않겠어요?"

청심빌리지 장홍경 아버님(80세), 방인선 어머님(76세)

Q 퇴직 후에 바로 실버타운에 입주하셨다고 들었어요.

A 네, 40년 넘는 교직생활을 끝내고 부부가 바로 창녕 더케

이 서드에이지로 입주했어요. 13년 동안 더케이 서드에이지에 있다가 청심빌리지로 왔어요.

실버타운에 굉장히 일찍 들어오신 것 같네요.

어머님 남들은 다들 그렇게 얘기해요. 퇴직하기 전부터 노후를 어떻게 보낼까 고민을 했는데, 자녀들과 같이 사는 것도 말이 안 되고. 고민 끝에 내 남은 인생 나의 삶을 살아가겠다는 생각을 하고 실버타운을 선택했어요. 일단은 밥하기가 정말 싫었고요. 평생 밥을 해 먹었는데, 노후에도 삼시 세끼를 직접 하면서 생활한다는 게 너무 부담됐어요. 전 인생을 즐기고 싶었거든요.

아버님 전 와이프보다 3년 먼저 퇴직을 하고 기다렸죠. 손자들이 어리니 자녀 집으로 들어갈까 고민을 했는데, 막상 들어가게 되면 끝까지 책임을 져야 할 것 같더라고요. 우리 생활이 없는 거잖아요. 그래서 결단을 내렸습니다. 아이들에게는 너희들은 너희 계획대로 살아라고 말하고, 와이프가 8월 31일에 퇴직하고 9월 1일에 바로 더케이 서드에이지로 미련 없이 내려갔어요.

Q 자녀들의 반응은 어땠나요?

A 섭섭해하죠. 맞벌이인 데다가 애들도 어렸으니 엄청 걱정했어요. 그런데 막상 상황이 닥치니 어떻게든 해결을 하더라고요. 자녀 인생은 자녀 인생이고, 내 인생은 내 인생이라는 생각이 들었어요.

Q 실버타운 선배로서 이제 막 입주하는 후배들에게 해주고 싶은 말이 있나요?

A 어머님 흘러가는 대로 사는 게 아니라, 내 시간 내가 주도하면서 살기 위해서는 좀 더 젊었을 때 들어와야지, 병 들어서 입주하면 나의 삶을 즐길 수가 없어요. 조금 더 젊은 나이에 들어와서 남이 해주는 밥 먹고, 내게 주어진 그 많은 시간에 여행도 다니고 하고 싶은 일 하는 게 보람된 인생 아니겠어요? 또 여기는 단체생활이기 때문에 공동생활을 위한 기본적인 매너를 갖추는 것도 필요해요.

아버님 병 들어서 실버타운에 들어오는 건 자식들한테도 못 할 짓이에요. 병이 들면 요양병원에 가야지 여기에 들어오는 건 아닌 것 같아요. 또 실버타운에서 생활하는 게 오히려 자녀들에게 부담을 덜어주는 일인 것 같아요. 내 삶을 살지도 못하고 애들이 주는 거 그저 받아먹기만 하면 우울해질 수 있어요. 실제로 우리 애들이 우리를 보면 좋아해요. 건강하거든요. 부모가 건강하니 자녀들 걱정을 크게 덜 수 있는 거죠. 만약 우리가 아파서 자녀들한테 돈 달라고 손 벌리면 자녀들도 아주 부담스럽고, 그렇게 되면 잘 오게 되지도 않잖아요. 건강이 자녀들한테 줄 수 있는 가장 큰 선물인 거 같더라고요.

Q 청심 생활은 어떠신가요?

A 매우 만족합니다. 여기는 서울에서도 가깝고, 주변 환경이 정말 좋아요. 특히 물이 있잖아요. 호수가 있어서 집에서 내려다보면 호수가 보이고, 그 주변으로 산책로가 있어서 자주 돌아다녀요. 꽃도 많아서 아주 너무 좋아요.

89세 귀요미 할머니, "나사를 풀고 살아요~!"

"실버타운 생활이 너~무 좋아요. 아이들한테도 항상 말해요. 너희들도
준비하라고 늘 말하죠. 들어와 보세요! 정말 좋은 걸 느끼실 거예요"

서울시니어스 강서타워 김종문 어머님(89세)

Q 어머님 정말 젊어 보이시네요!

A 행복하게 살기 때문이죠. 내가 생각이 없어요. 여기 나사
가 하나 빠졌어요. 나사를 좀 풀고 사니 정말 좋네요.

Q 우리도 나사를 좀 풀고 살아야 하는데,
너무 답답하게 살아가네요. 어머님 자기소개 좀 부탁드려요.

A 저는 서울시니어스 강서타워의 김종문입니다. 나이는 89
세이고, 여기서 살게 된 지는 20년이 다 되었네요.

Q 어떻게 강서타워에 들어오게 되셨나요?

A 원래는 약수동에 있는 곳에 들어가려고 했는데, 대기가 너무 길어서 딱 여기가 세워질 때 입주하게 되었어요. 20년 전에는 실버타운에 대한 인식이 별로 좋지는 않았어요. 그저 양로원이라고 생각하는 사람들도 많았는데, 입주하고 보니 직원들도 너무나 친절하고. 아주 일생에 결혼 말고 이게 제일로 잘한 결정 같아요!

Q 입주하실 때는 혼자셨어요?

A 영감 떠나보내고 혼자 들어왔어요. 남편이 살아 있을 땐 들어오지 못했을 거예요. 남자들은 여기 들어오는 걸 싫어했거든요. 당시에는 인식이 지금과 같지 않아서요. 그래서 남편이랑 같이 살다가 혼자가 되고 나서 해방돼서 여기에 들어왔지.

Q 여기에 여러 활동이 있는데, 주로 어떤 걸 하세요?

A 활동할 거 많죠. 여기는 수영장, 헬스장, 탁구장이랑 포켓

볼도 있어요. 한국 무용은 외부에서 강사님들이 와서 가르쳐 주고, 그 외에도 여러 활동이 있어요. 1년에 한 번씩 서울시니어스 입주자들이 탁구 대회랑 포켓볼 대회도 하고 그래요. 저는 포켓볼 대회에서 2등 했어요. 코로나 이후로 다양하게는 못했지만, 그래도 포켓볼은 치고 시니어 체조도 시작했어요.

Q
___
강서타워 주변 환경이 참 좋은 것 같아요.

A
___
네, 정말 좋아요. 주변에 공원도 있고 우장산도 있어요. 우장산은 입주하고 자주 갔었는데, 5년 전에 협착 수술을 해서 의사가 높은 곳에는 가지 말라고 해서 요즘에는 공원을 자주 다녀요. 버스나 지하철 등 교통도 매우 편리해요.

Q
___
자녀들은 어머니가 행복하니 좋아하겠어요.

A
___
처음에는 여기에 가는 걸 반대했어요. 내가 강서타워 올 때 아이들하고 의논을 안 했어요. 영감이 떠나기 전에 5년 동안 폐암으로 많이 아팠는데, 아이들이랑 사위가 와서 간병하고 목욕도 시키고… 고맙긴 한데 너무 미안했어요. 자식이지만 짐이 된다는 생각에 미안한 건 미안한 거니까요. 그래서 남편 떠나자마자 바로 강서타워에 들어왔죠. 아직 보편화된 곳이 아니니 애들은 뭐 섭섭한 거 있어서 실버타운에 들어갔느냐고도 했죠. 그래서 내가 애들한테 "너희들도 여기 와서 체험을 해봐라. 그러면 생각이 달라질 거다"라고 했더니 진짜 체험을 했어요. 막상 체험하고 나니까 애들도 생각이 완전 변했죠. 음식도 좋고, 병원도 바로 옆에 있고, 또 직원들도 자기들보다 더 착하거든. 그 이후로는 애들이 나한테 "엄마 잘했어"라고 하더라고요.

Q 정말 행복해 보이시네요.

A 사람들이 내가 강서타워에 살고 있다고 하면 전부 부러워해요. 무슨 복이 많아서 거기에 사느냐고 그러죠. 지금부터, 얼른 준비하세요. 그런데 시설만 좋다고 해서 좋은 게 아니에요. 사람들이 정말 좋아요. 여기 직원들 참 교육도 잘되어 있고 친절하고, 자식들보다 더 잘해요. 그리고 아침에 꾸준히 운동할 수도 있고, 오후에는 여유롭게 커피도 마시고 외식도 하고, 정말 행복하게 잘 살고 있어요.

내 자식은 부모 모시게 하고 싶지 않아요!

"나는 부모를 모셨지만, 나는 자식 따라 살지 않겠다고 생각했어요. 힘들어요, 부모 모신다는 게. 나는 그걸 자식한테 주고 싶지 않아요. 나는 나대로 살다가 갈 거예요"

서울시니어스 강서타워 정형경 아버님(90세), 김정현 어머님(87세)

Q 자기소개 부탁드립니다.

A 아버님 저는 올해 90세인 정형경입니다. 해군 출신 예비역이에요. 반갑습니다.
어머님 저는 이름은 김정현이고 87세 36년생입니다.

Q 어머님, 하실 말씀이 있으시다고요.

A 우리가 아들을 82년도에 미국으로 유학을 보내서 자주 미국에 가게 됐거든요. 그런데 당시 미국의 모습을 보니 한국도 점점 미국화되겠다고 생각했어요. 할머니들이 전부 가방을 뒤로 메고 있잖아요. 우리는 그때도 핸드백을 다들

끼고 다녔는데. 요즘엔 우리도 가방을 짊어지고 다녀요. 미국이랑 똑같이. 그리고 자식을 따라 사는 사람이 아무도 없었어요. 나는 부모를 모셨어요. 다했어요. 그런데 부모를 모신다는 게 정말 힘든 일이에요. 나는 그걸 자식한테 주고 싶지 않아요. 나는 나대로 살다가 갈 거예요. 미국에서 참 공부가 많이 되었던 것 같아요. 우리가 여기서 생활하게 된 이유이기도 하고요.

Q 여기서 무엇이 가장 좋나요?

A 사람들이 굉장히 친절하고 좋아요. 그리고 여기는 인물을 보고 사람을 뽑는지 다들 그렇게 예쁠 수가 없어요. 한결같이 마음을 내놓고 어른들한테 잘하니 우리가 정말 놀랄 정도예요. 손자 같은 친구들이 굉장히 상냥하고 정말 잘해 줘요.

Q 불편한 점은 없었나요?

A 코로나 시기에 좀 불편하긴 했어요. 여기는 노인들이 많잖

아요. 철저하게 방역을 지키고 코로나를 차단하니 애들이 면회를 와도 자유롭게 만나기 어려웠어요. 코로나 테스트를 해서 통과해야 면회가 가능하고, 또 만나더라도 애들이 우리 방에는 올라오지 못했어요. 멀리서 차 가지고 왔는데 그런 점이 조금 아쉬웠어요. 그것 말고는 불편한 게 하나도 없었어요.

Q 어떤 활동을 주로 하시나요?

A 어머님 할 수 있는 건 다 해요. 뭐든 다 참석하고 싶어요. 방금도 에어로빅하고 왔어요. 정말 신나고 좋아요.

Q 실버타운에서 살고 싶은 사람들에게 하고 싶은 말이 있다면?

A 젊을 때는 활동적이니 친구들도 잘 사귀고 여러 조직도 만들어서 사회생활을 할 수가 있는데, 나이를 먹으면 점점 외로워지잖아요. 그래도 여기서는 자기만 잘하면 사람 다 사귈 수 있어요. 그런데 조금 나이가 있다 보니 고집이 있고, 우리가 서로 조금만 양보하면 되는데, 나이 먹으면 양

보하는 게 쉽지 않아요. 조그만 걸 가지고 서로 얘기를 하고 그러니 더 그런 것 같아요. 여기 들어올 때는 양보부터 연습하고 들어와야 해요. 그러면 틀림없이 편하게 잘 생활할 수 있어요.

PART 2

노후
보금자리의
모든 것

탁월한 선택, '실버타운'

9가지 키워드로 알아보는 실버타운

행복한 노후 생활을 위해 실버타운에 관심을 가지는 사람들이 부쩍 늘어났습니다. 안락하고 행복한 노후 생활의 터전이 되는 실버타운, 9가지 키워드를 통해 알아볼까요?

▪ 다양한 편의시설

실버타운은 시니어를 위한 다양한 편의시설이 있는데요. 기본적으로 건강한 식사를 위한 식당이 있고, 물리치료실과 부속의료기관이 있습니다. 건강을 위한 운동시설로 피트니스센터, 탁구장, 당구장, 파크골프, 게이트볼, 골프연습실 등이 있습니다. 취미·여가 시설로는 서예실, 도예실, 노래연습실, 음악실, 바둑·장기실, 보드게임실 등이 있고, 모임이나 체조를 위한 강당과 영화관 등을 갖추고 있죠. 대부분 실버타운이 목욕탕과 사우나를 갖추고 있으며, 온천과 수영장이 있는 곳들도 있답니다.

| 시니어를 위한 다양한 시설 |

실버타운 시설

| 전문식당 | 클리닉/운동실 | 목욕탕/사우나 | 독서실/음악실 | 텃밭/수영장 |

▪ 전문관리업체

　노인복지주택은 전문관리업체가 시니어를 위한 다양한 서비스를 제공하는 실버타운과 입주민들이 일반 아파트처럼 운영하는 실버하우스로 나눌 수 있습니다. 그런데 입주민들이 자체적으로 관리하게 되면 대부분 비용 절감 위주로 운영하게 되어 시니어를 위한 다양한 편의시설이 운영되지 않는 경우가 생기기도 합니다. 어떤 곳은 식당과 카페, 사우나 시설을 갖추어 놓고도 비용이 부담되어 문을 닫아놓기도 하죠. 또 노인복지주택 중 어떤 곳은 136세대인데, 노인복지주택의 최소 직원 기준인 3명만을 직원으로 둔 곳도 있습니다. 반면에 일반적인 실버타운은 직원 1명당 7세대 정도를 서비스하고 있습니다. 즉 수십 명, 수백 명의 직원들이 입주하신 어르신들을 보살피는 것이죠.

일반아파트형 - 업체관리형

일반아파트형	업체 관리형
1 수원 광교두산위브	1 더 클래식 500
2 용인 광교산아이파크	2 서울시니어스 분당타워
3 수원 광교아르데코	3 삼성노블카운티

■ 높은 생활 서비스

　실버타운에 들어가는 이유는 식사 준비 등의 가사노동에서 해방되어 온전하게 건강관리를 하고, 여가·문화생활을 즐길 수 있기 때문입니다. 실버타운은 질 높은 생활 서비스를 제공하고, 시니어들은 노후의 건강과 행복을 추구할 수 있습니다. 식사와 영양, 가사와 생활 편의, 건강과 의료, 문화와 여가, 안전관리 등의 서비스를 한 장소에서 모두 누릴 수 있다는 이야기죠. 이러한 서비스를 제공하는 직원들의 인건비가 시설운영비와 함께 반영된답니다.

| 실버타운의 서비스 |

일상생활

실버타운은 일상생활의 터전이라고 생각하면 됩니다. 여러분이 집에서 휴식을 취하고 활력을 얻듯, 실버타운에서 일상생활을 즐기기도 하고 사업이나 직장생활 등을 병행할 수 있습니다. 홀로 집에서 지내는 것보다는 비슷한 연배의 사람들과 취미나 여가생활을 하면서 보낸다면 더욱 건강한 삶을 누릴 수 있겠죠?

주거지

실버타운은 고급유료양로원과 노인복지주택을 말합니다. 고급유료양로시설은 급식 등 일상에서 필요한 편의를 제공하며 입주자가 모든 비용을 부담하는 시설이죠.

노인복지주택은 분양 또는 임대를 통해 주거시설을 제공하고, 그 비용을 입주자가 부담하는 시설입니다. 재정적으로 정부의 지원을 받지 않고 모든 경제적인 부분을 본인이 부담해 분양 또는 임대를 통해 입주합니다. 매매가 가능한 곳은 일반적인 주택처럼 세금도 내야 하고, 주택연금에 가입하여 노후 생활비로 쓸 수도 있답니다. 임대만 가능한 곳은 구분등기가 되어 있으면 전세권 설정등기를 통해 보증금에 대한 안전을 확보할 수 있고, 보증금에 대하여 보증금

보증보험에 가입하여 노후의 목돈을 지킬 수 있습니다.

■ 입주 대상자

　실버타운에는 부부가 함께 들어갈 수도, 독신으로 생활할 수도 있습니다. 실버타운마다 상황은 각기 다르지만, 일반적으로 독신 세대가 더 많고 그중에서도 여성 시니어들이 많은 편입니다. 그리고 만 60세가 넘은 자녀나 미성년 손자녀의 경우 함께 생활할 수 있습니다. 형제자매와 함께 살 수도 있고, 친구들끼리 모여서 살 수도 있답니다.

60세

실버타운 입주 가능 나이는 만 60세입니다. 부부 중 한 사람이라도 만 60세를 넘으면, 그 배우자는 나이와 상관없이 거주할 수 있습니다. 즉 50대 입주자도 있을 수 있다는 말입니다. 노인복지법에는 고령으로 인한 입주 제한 나이가 없지만, 실버타운마다 자체 규정으로 제한을 두기도 합니다. 85세가 넘으면 입주할 수 없도록 하는 실버타운들이 많아지고 있습니다. 참고로 무료양로원, 실비양로원, 고령자복지주택 등 정부가 보조하는 시설들은 만 65세 이상이 입주 가능 연령입니다.

건강

실버타운은 일상생활에 지장이 없을 정도, 즉 독립생활이 가능할 정도로 건강해야 입주가 가능합니다. 이것이 요양원과 구별되는 점인데요, 요양원은 일상생활에 돌봄이 필요한 분들을 모시는 곳으로, 혼자서 생활하기 어려운 분들을 돌봐드리는 곳입니다. 실버타운에 입주하는 분들은 건강하면서 스스로 생활이 가능하지만, 실버타운의 시설과 서비스를 이용하여 더 건강하기 위해 입주한답니다. 실버타운에 입주할 때 건강한 분들이 오래 사시다가 나이가 들어 쇠약해질 경우에는 방문요양 서비스를 받으면서 생활할 수 있습니다. 혼자서 생활하기 힘들어지면 요양시설로 옮기시는데, 요즘은 요양시설을 함께 하는 실버타운이 많아지고 있어서 한 장소에서 계속해서 생활할 수 있습니다.

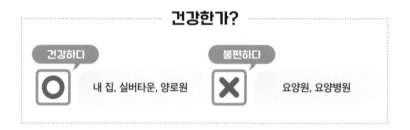

100% 본인 부담

실버타운에 입주하는 어르신들은 생활비를 100% 본인이 부담합니다. 실버타운은 경제적으로 여유 있는 분들을 위해 만들어진 곳이라, 정부의 지원을 기대할 수 없습니다. 정부는 경제적으로 어려운 어르신들을 위해서 무료양로원, 실비양로원, 고령자복지주택 등을 운영하고 있습니다.

[더 알아보기]

9가지 특성으로 정의한 실버타운

    실버타운이란 시니어를 위한 다양한 편의시설을 갖추고 있는 노인복지 시설로, 일상생활을 살아가는 거주지입니다. 전문관리 업체가 영양가 높은 식사와 가사 생활편의를 봐주고 건강, 의료, 문화, 여가, 안전관리 등의 높은 생활 서비스를 제공해 건강하고 행복한 삶을 살 수 있게 합니다. 입주 대상자는 부부 중 한 사람이라도 만 60세 이상이어야 하고 일상생활에 지장이 없이 건강하며 생활비를 100% 본인이 부담할 수 있으면 됩니다.

▪ 건강한 노후를 보내기 위해서는

우리 사회도 장수 사회, 100세 시대를 맞이했습니다. 최빈사망 연령(한 해 동안 사망자 중 가장 빈도가 많은 나이)이 90세가 넘었다고 하지만, 질병으로 고통받으며 오래 산다면 무슨 의미가 있을까요? 건강하게 오랫동안 행복하게 사는 것이 모두의 꿈인 것만은 틀림없는 사실인 것 같습니다. 그렇다면 우리는 왜 건강한 삶을 이어가지 못하고 나이가 들면 몸이 아플까요? 3가지로 요약해 볼 수 있습니다.

첫 번째는 과로입니다. 자신의 체력 이상으로 몸을 쓰게 되면 몸에 무리가 옵니다. 체력을 많이 소비했다면 쉬는 것이 약입니다. "한 달만 푹 쉬면 컨디션이 괜찮아질 텐데"라고 말하곤 하지만, 우리는 대개 쉬지 않습니다. 쉴 여유가 없다고 말하며 계속해서 몸을 혹사하는 것이죠. 브레이크가 고장 난 기차처럼 쉬지 않고 달리는 것 같습니다.

두 번째는 스트레스입니다. 스트레스 발생의 근본 원인은 욕심입니다. 스트레스는 과거에 대한 후회, 미래에 대한 불안으로 현실에 만족하지 못해 생깁니다. 자녀를 독립된 인격체로 보지 않기에 자녀가 성인이 되어도 독립시키지 못하면서 걱정으로 자신을 들볶습니다. 배우자를 대하는 것도 마찬가지죠. 서로 독립된 온전한 인격체로 만나야 하는데, 의존적이거나 혹은 구속하는 걸 사랑으로 착각하기도 합니다. 스트레스는 이렇듯 가까운 관계에서 더 크게 작용합니다.

세 번째는 운동 부족입니다. 현대를 사는 우리는 과로와 스트레스로 여유가 없습니다. 나이가 들수록 운동을 통해 근육이 줄어드는 걸 막아야 건강합니다. 규칙적인 운동, 특히 근력 운동은 필수입니다.

WHO(세계보건기구) 보고서에 따르면 2019년 기준 한국인의 기대수명은 83.3세이고, 건강수명은 73.1세입니다. 즉 10년 이상 질병으로 고통받으며 살아간다는 말입니다. 실제로 한의원에서 환자들을 관찰하다 보면 75세를 넘어서는 순간 몸이 급격하게 쇠약해지는 걸 경험적으로 알 수 있습니다. 몸이 쇠약해질 때까지 넋놓고 기다리지 말고 미리 준비해야 합니다. 건강한 노후를 보내기위한 준비는 빠르면 빠를수록 좋습니다.

최소한 60세가 되면 인생을 한번 돌아보아야 합니다. 더 달려가지 말고 잠시 멈춰 서서 점검해 보는 시간이 필요한 것이죠. 노자의 《도덕경》에는 "지분지족지지(知分知足知止)"라는 말이 나옵니다. 자신의 분수를 알고 지킬 줄 아는 것을 지분(知分)이라 하고, 매사에 만족할 줄 아는 것을 지족(知足)이라 하며, 어떤 위치나 어떤 상황에서 멈출 줄 알고, 그 자리에서 물러날 줄 아는 것을 지지(知止)라고 합니다. 그동안 살아온 것을 인정하고 받아들여야 합니다. 그리고 현실을 만족하고 감사하며 그 속에서 미래를 그려보세요. 돈이 있으면 있는 대로, 없으면 없는 대로 충분히 행복할 수 있습니다.

■ 실버타운의 매력에 빠지다

전국 방방곡곡을 누비며 실버타운 탐방에 나선 공빠와 공마. 우리는 실버타운에서 어떤 점을 가장 큰 매력으로 여겼을까요? 우선 실버타운은 시니어를 위한 좋은 시설을 갖추고 맞춤식 서비스를 제공한다는 점입니다. 건강식, 운동 치료, 여가, 취미, 생활 편의 등 각가지 서비스를 받으면서 생활하면 몸도 튼튼해지고 정서적으로 안정감을 주어 마음도 밝고 단단하게 하죠.

또 부부가 함께 실버타운에 입주하면 식사 준비와 청소 등 집안일에서 벗어나, 하고 싶은 일에 열중하며 살 수 있습니다. 부부가 싸울 일이 거의 없어 서로의 관계도 더 좋아질 수 있다는 거죠. 그리고 노후에 안타깝게 혼자가 된 경우에도 실버타운이 최고의 선택이 될 수 있습니다. 실버타운에서 다양한 여가 및 동호회 활동, 봉사활동 등을 통해 마음이 맞는 사람들과 친목을 도모할 수 있어서 혼자가 아닌 생활을 할 수 있는 것이죠. 이렇게 건강한 노후 생활을 보낸다면 혼자가 된 부모를 둔 자녀들의 미안함과 걱정도 덜어줄 수 있을 것 같습니다.

공마는 공빠가 실버타운에 관심을 가지고 같이 탐방을 가보자고 했을 때 '비싸기도 하고, 어르신만 사는 곳이어서 너무 우울하지 않을까' 하는 생각이 먼저 들었습니다. 그러나 공빠를 따라 실버타운을 방문해 보고 나서는 실버타운에 대한 공마의 생각은 180도 바뀌게 되었습니다. 실버타운의 입주민들이 믿기지 않을 정도로 젊고 건강하다고 느꼈고, 특히 '여자로서 실버타운을 알고도 가지 않는 것은 바보 아닌가?' 하는 생각이 들 정도로 공마는 실버타운을 사랑하게 되었죠. 그간 가족을 위해 묵묵히 해왔던 집안일에서 벗어나 노후에는 좋아하는 일을 하며 행복한 생활을 할 수 있는 곳으로 실버타운이 제격이라고 여겨졌습니다. 도시생활에 익숙한 시니어들은 도심형 실버타운에서 친구를 만나고 백화점 쇼핑도 즐길 수 있습니다. 그러면서 건강에 대한 세심한 배려로 각종 의료 서비스도 받을 수 있어 노후를 보내기에 좋은 곳이라 생각합니다. 또 자녀들에게 짐이 되지 않고 생활할 수 있다는 점도 매력적입니다. 대부분 실버타운은 방문객을 위한 접견 공간이 잘 꾸며져 있고, 함께 시설을 이용하거나 서비스를 받을 수 있기에 자녀들과 좋은 추억을 만들 수 있습니다.

간혹 실버타운을 요양원으로 오해하는 사람도 많고, 수년 전 일부 실버타운이 폐업하여 피해를 본 사람들이 있어 여전히 실버타운에 대한 부정적인 시각들이 존재합니다. 다행히 그동안 돈만 보고 실버타운 사업에 뛰어든 곳은 많이 정리되었습니다. 현재 남아 있는 곳들은 상대적으로 검증이 된 곳으로 봐도 무방합니다. 그렇다고 해도 그중 안심할 수 있는 곳을 찾아야 하고, 보증금에 대한 안전장치도 철저히 살펴봐야 하죠.

주변에 실버타운을 소개하면 돈이 없어서 못 간다고 말하는 사람들이 있는데, 실버타운을 제대로 안다면 돈은 큰 문제가 되지 않는다는 것을 알게 될 겁니다. 실버타운에서 누리는 활동과 서비스를 일반 주택에서 누리려면 더 많은 돈이 듭니다. 일반 주택에서 혼자 노후를 보낼 경우, 실버타운에서보다 더 많은 돈을 지출하면서도 제대로 대접받을 수 없다는 말이죠. 건강을 지키기에도 혼자서 살다 보면 한계가 오기 마련입니다. 1인 한 달 100만 원으로 생활이 가능한 실버타운도 있습니다. 비용은 저렴하지만, 식사를 비롯한 입주민을 위한 시설과 서비스가 절대 떨어지지 않습니다. 그러니 마음을 열고 찾아보면 자신에게 맞는 곳이 보일 거예요.

공빠와 공마는 실버타운을 견학하고 공부하면서 실버타운의 진가를 더 확신하게 되었습니다. 실버타운에서 보내게 될 우리의 노후를 계획하고 입주를 기다리는 지금의 시간이 더없이 행복하기만 합니다.

실버타운 입주를 고민하는 시니어들은 자신이 실버타운 생활에 적합한 유형인지 반드시 따져보고 입주를 결정해야 합니다. 그저 '남들이 많이 들어가니까' 혹은 '편하고 재미있어 보여서' 하는 생각으로 들어갔다가는 결정을 되돌려야 하는 일이 생길 수도 있죠.

그럼 지금부터 실버타운에 꼭 들어갔으면 하는 시니어들의 대표적인 다섯 유형을 알아보겠습니다.

혼자인 남성 시니어

혼자가 된 남성 시니어는 혼자 살기보다는 실버타운에서 생활하는 게 신체적·정신적 건강에 훨씬 도움이 됩니다. 많은 가정에서 남녀의 역할 분담을 살펴보면, 아무래도 남성 어르신이 여성 어르신에 비해 집안일에 서툴 수밖에 없습니다. 현실적으로 남성 어르신은 매일 삼시 세끼 식사 준비나 청소, 세탁 등의 집안일을 하는 것이 쉽지 않을 겁니다. 자녀들의 걱정을 덜어주고 노후에 편하게 지내려면 실버타운에 입주하는 게 현명한 선택인 거죠. 실버타운도 성격이 약간 다를 뿐 주거지이므로 이곳에 살면서 직장생활을 하거나 사업을 계속할 수 있습니다. 나아가 취미생활이나 운동을 하며 심신의 건강을 잘 유지할 수 있기 때문에 혼자되어 적적한 남성 시니어에게는 실버타운 입주를 적극 추천합니다.

▪ 혼자인 여성 시니어

여성이라고 해서 집안일이 마냥 즐겁기만 할까요? 결코 그렇지 않을 겁니다. 오랜 시간 엄마로서, 아내로서 대부분의 집안일을 도맡아 해왔고 본인의 삶보다는 가족의 행복한 삶을 위해 희생해 왔습니다. 여성 시니어에게도 각자 좋아하는 일이 있고, 추구하는 삶이 있습니다. 혼자가 되었다면 앞으로는 자신을 희생해서 누군가를 돌볼 필요가 없으며, 본인의 인생을 즐길 수 있어야겠죠. 실버타운은 다양한 활동을 할 수 있는 공간과 프로그램이 마련되어 있습니다. 이곳에서 기본적인 의식주를 해결하고 건강관리를 받으면서 그간 하지 못한 하고 싶었던 일, 행복해지는 일을 하면 혼자 사는 것보다 더욱 윤택한 노후 생활을 보낼 수 있을 겁니다.

▪ 부부 중 한 사람이 아프다면

부부 중 한 사람이 아프면 간병하는 배우자도 이내 아프게 되는 경우를 자주 보게 됩니다. 나이가 들어 몸이 아픈 것은 어쩔 수 없는 일이죠. 그렇다고 해도 건강했던 배우자가 간병하다 지치고 병들게 되는 일은 피해야 합니다. 긴 병에 효자 없듯이 간병하는 기간이 길어지면 누구나 지칠 수밖에 없습니다. 이때 부부 시니어가 고려할 수 있는 선택지가 바로 실버타운입니다.

취재를 위해 방문했던 실버타운에서 암 수술 후 퇴직하고 병원 가까이에 있는 실버타운에 입주한 부부 시니어를 만난 적이 있습니다. 그들은 실버타운에 들어오니 치료도 잘되고 지치는 일이 없어 부부가 모두 만족스럽다고 말했습니다. 여러 실버타운이 건강한 시니어를 위한 공간과 아픈 시니어를 위한 공간을 분리해 함께 운영하고 있습니다. 아픈 시니어들에게는 간호·간병 서비스에 더 세심한 배려를 해서 그들이 건강을 회복할 수 있도록 도와줍니다. 앞으로도 이런 실버타운은 더 많이 생길 예정이니, 부부 중 한 사람이 아프다면 실버타운 입주를 긍정적으로 고려해 보는 것은 어떨까요?

▪ 해외에서 돌아온 그들

젊은 시절 외국으로 이민을 갔다가 나이가 들어 다시 한국으로 돌아오고 싶어 하는 사람들이 꽤 많습니다. 고국을 향한 그리움이 깊어져, 우리말을 하고 우리의 음식을 먹으면서 노후를 보내고 싶은 것이 꿈이라고 말하는 어르신도 있었습니다. 하지만 그들이 한국을 떠날 때와 지금을 비교하면 너무나 많은 것이 변해버렸죠. 또 우리나라에 대한 정보도 부족한 상황이라 돌아온다 해도 어떻게 생활할지 막막함을 느낄지도 모릅니다. 우선은 어디에서 살지 지역을 정해야 하고 집값도 고려해야 합니다. 이런 시니어들에게는 한국에서의 첫 주거지로 실버타운이 아주 바람직한 것 같습니다. 큰돈을 들이지 않고 한국을 알아가는 기간이 적어도 2~3년은 필요하지 않을까 생각합니다. 꼭 서울이 아니어도 지방 어디든 어르신이 편하게 쉴 수 있는 실버타운을 베이스캠프로 삼고 부담 없이 한국에서의 생활을 누려보셨으면 합니다. 첫 주거지인 실버타운 생활은 이후에 본인이 어디에서 살아갈지, 제2의 고향을 찾는 소중한 시간이 될 수 있을 겁니다.

건강하고 행복한 노후의 집

▪ 아내에게 사랑받고 싶은 남편 시니어

마지막으로 소개할 유형은 아내에게 사랑받고 싶은 남편 시니어입니다. 우리나라의 많은 가정은 아내가 자녀를 키우고 집안일을 하며 가족의 든든한 버팀목으로 존재합니다. 노후에는 평생 고생한 아내에게 좋은 것을 마음껏 누릴 기회를 주었으면 좋겠습니다. 나이가 들어 집안일을 하고 영양가 있는 음식을 규칙적으로 준비한다는 것은 정말 힘든 일이죠. 아내들이 이런 일에서 해방이 된다면 남편을 사랑하지 않을 수 없을 겁니다. 이런 의미에서 실버타운은 행복한 부부생활을 위한 이상적인 노후의 터전이라고 생각합니다.

많은 시니어가 실버타운에 들어가 노후 생활을 보내면 좋겠지만, 굳이 실버타운에 입주하지 않아도 되는 어르신 유형도 있죠. 경제적 상황과 라이프 스타일을 고려해 본인이 실버타운 생활에 맞지 않는다고 생각된다면 다른 방식을 찾는 게 현명한 선택일 겁니다.

▪ 내 집에 대한 애착이 강한 시니어

현재 내가 사는 집이나 내가 하는 살림에 애착이 많은 시니어는 실버타운에 들어가기 곤란할 수도 있습니다. 내가 사는 집을 너무 좋아하고 직접 살림을 하면서 행복을 느끼는 시니어는 실버타운에 들어갈 마음이 애초에 없을 수도 있죠. 하지만 이런 유형의 시니어도 나이가 더 들었을 때의 상황을 항상 염두에 두어야 합니다. 20년 이상 어르신들을 진료하면서 느낀 것 중 하나가 어르신에게는 75세가 경계점이 될 수 있다는 겁니다. 통계적으로 우리나라 기대수명은 83~85세인데 건강수명은 73~75세 수준입니다. 대략 10년은 아프다가 삶을 마감하는 경우가 많다는 의미이기도 하죠.

건강하고 행복한 노후의 집

그래서 대체로 75세 이전에는 건강하기 때문에 75세 이후의 삶을 준비하지 않는 것 같습니다. 많은 어르신이 젊을 때부터 살던 익숙한 곳에서 살기를 원하는데, 이런 곳은 쾌적한 노후 생활을 보내기에는 너무 넓고 식사 준비도 부담스러울 수 있습니다. 70대 후반이나 80대를 미리 생각해 보았으면 합니다. 조금이라도 더 젊었을 때 아끼고 효율적으로 사는 방법을 준비해 놓아야 더 건강하고 품위 있게 오래 살 수 있을 겁니다.

▪ 경제적 상황이 빠듯한 시니어

서울과 경기도의 실버타운은 2인 생활비로 보통 300만 원 정도는 듭니다. 그런데 막상 살아보면 생활비만 있다고 해서 모든 것이 충족되지는 않습니다. 개인적인 용돈, 교통비, 사교 활동을 위한 비용 등으로 50~100만 원은 더 있어야 걱정 없이 생활할 수 있죠. 즉 실버타운에서 여유 있게 생활하려면 한 달에 350~400만 원은 충분히 쓸 수 있어야 한다는 말입니다. 솔직히 비용 면에서는 상당히 부담스러운 수준이죠. 물론 경제적으로 여유롭지 않은 시니어를 위한 가성비 높은 실버타운도 몇몇 있지만, 사실 이런 곳도 경제적으로 빠듯한 시니어에게는 부담이 될 겁니다.

이런 분들을 위해 공빠는 실버타운을 대신할 주거지로 꿈의 실버하우스나 고령자복지주택을 소개하고 있습니다. 고령자복지주택이나 실버하우스는 경제적으로 여유롭지 않은 어르신에게 최적의 노후 주거지입니다. 특히 알뜰실버타운인 고령자복지주택은 보증금 2,000만 원에 월 임대료 5만 원 정도로 10만 원 이내에서 주거비를 해결할 수 있습니다. 그리고 1~2층에는 노인복지관이 만들어지기 때문에 그곳에 있는 경로식당을 이용하면 건강에 이로운 식사를 하면서 식비도 아낄 수 있죠. 또 노인복지관의 시설과 프로그램을 이용해 건강을 관리하고 여가생활도 즐길 수 있습니다. 병원비만 들지 않는다면 기초연금만으로도 생활이 가능하다는 말입니다. 목돈이 없거나 모아둔 돈이 없어도 고령자복지주택에 들어가 행복한 노후 생활을 꿈꿀 수 있습니다. 참고로 고령자복지주택에 입주하기 위해서는 총자산 2억 5,500만 원 미만, 월평균 소득 1인 234만 원 미만의 만 65세 이상 무주택자라면 신청 가능합니다.

▪ 공동생활이 싫은 시니어

실버타운 입주를 알아보는 어르신들이 공동생활에 대해 오해하는 경우가 많은 것 같습니다. 실버타운을 요양원이나 양로원과 혼동하는 경우가 종종 있죠. 고급유료양로원은 별개로 하고 일반요양원은 4~6명의 돌봄이 필요한 어르신이 한방에서 같이 생활하는

건강하고 행복한 노후의 집

곳이고, 실비무료양로원은 정부 지원으로 생활하기 때문에 여러 명이 한 숙소를 씁니다. 반면 실버타운은 아파트와 같다고 보면 됩니다. 각자 자기 주택을 갖고 있으면서 다양한 공동생활시설을 함께 이용하는 형태입니다. 수영장, 피트니스센터, 취미·여가 활동 공간, 동호회 공간, 식당과 같은 시설을 공동으로 사용하면서 노후 생활을 보내는 곳이죠. 실버타운의 생활비가 비싼 것 같지만 공동생활시설을 잘 활용한다면 합리적인 가격일 수도 있습니다. 하지만 본인의 라이프 스타일을 고려했을 때, 공동생활시설에서 함께하는 생활이 부담스러운 시니어는 실버타운 입주가 최선이 아닐 수도 있습니다.

▪ 주관이 너무나 강한 시니어

나만의 생각이 워낙 강해 거기에 매몰되어 있다면 실버타운 생활이 힘들 수 있습니다. 간혹 실버타운은 "학연과 지연을 따진다", "자산과 자식들 자랑하는 곳 아닌가", "식당 가는데 말끔히 차려입어야 한다더라" 하는 소문만 듣고 실버타운에 가면 안 된다고 생각하는 시니어들도 있습니다. 이는 자존감의 문제라고 생각됩니다. 실버타운은 자격요건만 갖추면 누구의 눈치도 볼 필요가 없습니다. 시설 좋은 주거 공간에 살면서 식사, 청소, 운동 관리 등의 서비스를 받는 노후의 집인데, 그곳의 사람들과 억지로 어울려야 한다는 생각으로 스트레스를 받을 이유가 전혀 없습니다. 또 나이 많은 어르신이 많아서 꺼려진다는 시니어도 있는데, 오히려 젊을 때 들어가면 공동시설을 이용할 기회가 더 많습니다. 열린 마음으로 다른 사람들과 소통하며 활기찬 노후를 보내고 싶은 시니어에게는 실버타운이 최적의 주거 공간이지만, 반대의 성향을 가졌다면 입주를 다시 한번 고려해 봐야 합니다.

건강하고 행복한 노후의 집

실버타운에서 인생 2막을 시작하려는 시니어들이 갈수록 늘고 있죠. 새로운 출발인 만큼 실버타운 선택은 여간 까다로운 일이 아닙니다. 나에게 맞는 실버타운을 잘 고르기 위해서는 우선 자신부터 알아야 합니다. 현재 상태를 파악하고 노후를 어떻게 보내고 싶은지 구체적으로 생각해 봐야 한다는 것이죠. 본격적인 탐색에 앞서 시니어들이 반드시 염두에 둬야 할 점을 2단계로 나눠 알아보겠습니다.

1단계: 나에게 맞는 기준

자신의 경제력을 체크하자

실버타운 입주에는 목돈이 필요합니다. 임대형은 입주 보증금이 들고, 분양형은 구입비가 발생하죠. 그리고 입주 이후에는 매달 식비와 관리비를 포함한 생활비를 내야 합니다. 자신의 경제력에 맞는 고가형 고급실버타운에 입주할 것인지, 아니면 가성비 높은 저가형 실버타운에 입주할 것인지 결정해야 합니다.

자신의 건강 상태를 고려하자

지병이 있다면 실버타운을 고를 때 병원이 인근에 있는지 반드시 따져봐야 합니다. 입주하는 어르신이 고혈압, 당뇨, 고지혈증 등 만성소모성 질환이 있는 경우와 중풍, 심장병 등 가족력이 있는 경우, 대형병원 인근에 있는 실버타운에 입주해 응급상황에 대비하는 것이 좋습니다.

도시생활이냐, 전원생활이냐

도시생활에 익숙한 시니어라면 쇼핑센터 등의 인프라가 있고 대중교통이 원활한 실버타운을 골라야 합니다. 이와 반대로 은퇴 후 자연과 함께 유유자적하게 지내고 싶은 시니어라면 전원형 실버타운을 추천합니다. 자연환경의 혜택과 도시의 편리함을 동시에 누릴 수 있는 도시근교형 실버타운도 있으니 본인의 취향에 맞는 실버타운을 찾아봐야 합니다.

■ 〈2단계: 일반적인 기준〉

적어도 100세대 이상은 있어야 한다

실버타운에 세대수가 많지 않으면 수영장을 비롯한 규모가 있는 편의시설을 만들기 어렵습니다. 또 세대수가 적으면 한 달 생활비나 보증금이 비싸질 수밖에 없는데, 이 비용을 무한정 높일 수만은 없는 일입니다. 그래서 세대수가 적은 실버타운은 상주하는 직원도 적고, 당연히 서비스의 질도 낮을 수밖에 없죠. 적어도 100세대 이상은 있어야 편의시설도 제대로 갖출 수 있고 직원도 충분히 고용할 수 있습니다. 세대수가 많으면 입주자의 비용에 대한 부담도 줄고, 경영 안정화로 폐업의 우려가 줄어 안심하고 노후를 보낼 수 있답니다.

전문업체 관리형 실버타운인지 확인하자

노인복지주택으로 설립했지만, 전문업체에서 관리하는 것이 아니라 입주자들이 자체적으로 관리하는 노인복지주택이 있습니다. 자체 관리 시스템으로 운영하는 노인복지주택은 비용을 줄이는 방향으로 운영하는 경향이 있어 식당, 사우나 등의 시설을 다 갖추어 놓고도 운영하지 않는 곳이 여럿 있습니다. 이 같은 업체는 아파트와 별 차이가 없어 실버타운이라기보다는 실버하우스에 더 가깝습니다. 실버타운에 들어가는 목적은 좋은 시설에서 만족스러운 서비스를 받기 위해서이기에 전문업체 관리형 실버타운에 입주하는 것을 권합니다.

입주 자격 제한이 있다면 다시 생각하자

노인복지주택이지만 거주 지역, 소득, 신분 등으로 입주 자격을 제한하는 실버타운도 있습니다. 가령 성남시 아리움과 세종시 밀마루복지마을은 소득이나 재산 기준을 넘어서는 시니어는 입주할 수 없습니다. 또 종교재단에서 설립한 실버타운 1곳은 해당 종교에서 은퇴한 성직자에게만 입주 자격이 주어집니다. 이런 곳들은 일반 시니어들이 입주할 수 없기에 희망 실버타운 목록에서 제외했습니다.

보증금에 대한 안전장치를 확인하자

실버타운은 매매와 임대차로 나누는데 일반 주택과 별다른 차이가 없습니다. 자기 명의로 구입하는 분양형 실버타운은 잔금을 납부하고 소유권이전등기를 하면 본인 소유가 됩니다. 임대형 실버타운은 전입신고를 하고 확정일자를 받으면 주택임대차보호법에 따라 보호를 받습니다. 이보다 더 강한 안전장치를 원한다면 구분등기가 되어 있는 곳인 경우, 입주하는 주택에 대한 전세권 설정등기를 할 수 있습니다. 만약 입주하고자 하는 곳이 구분등기가 되어 있지 않다면, 보증금에 대한 보증보험에 들게 되어 있습니다. 노인복지법에 따르면 임대인인 실버타운 측에서 보증금 전체 금액의 최소 50%까지는 보증보험에 가입해야 합니다. 실버타운 측에서 보증보험에 들고 남은 부분에 대해서는 임차인이 개별적으로 보험에 들 수도 있습니다. 물론 보증금이 걱정되지 않는 믿을만한 실버타운을 선택하는 것이 가장 좋은 방법일 겁니다.

입주 보증금은 생활하는 동안 예치했다가 퇴소할 때 그대로 돌려받는 돈입니다. 일반적으로 생활비는 매달 내지만, 한꺼번에 2년 치 생활비를 선납하는 경우도 있습니다. 생활비 이외에 부대시설의 리모델링과 개선을 위한 시설 감가상각비, 시설 관리 비용 또는 입주 비용 명목으로 입주할 때 미리 내거나 보증금에서 일정 금액을 상각해 나가는 경우도 있습니다. 이런 비용까지도 꼼꼼히 따져보아야 정확한 생활비를 알 수 있습니다. 모든 비용이 생활비에 포함되어 추가 비용이 전혀 없는 곳도 있지만, 일반적으로는 전기요금, 상하수도요금, TV 수신료, 핸드폰 요금 등이 추가됩니다. 난방비를 추가로 내야 하는 곳도 있으니 꼼꼼히 확인하는 것이 좋습니다.

일반적으로 실버타운은 의무식 제도를 시행합니다. 식사를 하지 않더라도 정해진 식비를 내야 하는 것이죠. 하루 세끼 월 90식이 의무식인 곳부터 월 60식, 월 45식, 월 30식, 월 20식 등 다양하게 운영합니다. 한 끼 식비는 7,500~1만 5,000원 선에서 정해지는데요, 어르신들이 선호하는 나물류, 죽류, 채소 샐러드, 과일, 해독 면역 강화 주스 등을 식단에 포함해 건강식을 제공합니다.

요양시설이 있으면 일석이조

실버타운에서 생활하다가 몸이 아파 거동이 불편해지면 다른 곳으로 이사를 가야 하는데, 실버타운 내에 요양시설이 있다면 병간호의 부담도 덜고 부부가 안정적으로 함께 여생을 보낼 수 있답니다.

건강한 여가생활을 위한 시설과 프로그램

입주민의 건강과 여가 활동을 위해 실버타운은 여러 편의시설을 설치하고 다양한 취미 프로그램을 운영합니다. 피트니스클럽, 사우나, 물리치료실, 영화 감상실, 도서실, 당구장, 탁구장, 노래연습실, 서예실, 취미 활동방 등은 기본적으로 갖추고 있고 온천, 수영장, 파크골프장 등의 시설이 있는 실버타운도 있죠. 실버타운마다 특색에 맞게 다양한 운동 동호회와 취미 활동 프로그램을 운영하고 있는데, 자신이 선호하는 활동이 많은 곳을 선택하는 것이 유리합니다.

자신이 좋아하는 것을 할 수 있는 곳을 찾자

특별히 자신이 좋아하는 것을 마음껏 즐기며 생활할 수 있는 곳을 찾아봐야 합니다. 가령 파크골프를 좋아해 노후에도 계속 즐기고 싶다면 '청심빌리지'나 '서울시니어스 고창타워', '동해약천온천실버타운'이 선택지가 될 수 있습니다. 온천을 좋아한다면 '노블레스타워', '동해약천온천실버타운'과 '서울시니어스 고창타워'를 관심 있게 보세요. '삼성노블카운티', '노블레스타워', '서울시니어스 분당타워', '서울시니어스 강서타워' 등은 수영장이 있어 수영으로 건강관리를 하려는 시니어들이 눈여겨볼 만한 곳입니다.

입주 체험을 하고 결정하자

각각의 실버타운은 모두 장단점을 가지고 있습니다. 시설이 좋은 곳은 비용이 부담되고, 비용이 적당한 곳은 시설이 아쉽기도 하죠. 시설이 다른 만큼 분위기도 천차만별입니다. 비싼 곳은 분위기가 좋고 비용이 저렴한 곳은 분위기가 좋지 않다고 생각한다면 오산입니다. 한 곳만 가보고 다른 곳도 비슷할 것이라고 단정하기도 하는데 공빠네가 여러 곳을 방문해 보니 가보지 않았으면 후회했을 곳이 많았습니다. 최소한 5곳 이상은 방문하는 것이 좋습니다. 아울러 입주 체험이 가능하다면 꼭 해보길 바랍니다. 아쉽게도 대부분 실버타운이 만실이라 입주 체험이 점점 어려워지고 있습니다. 내가 가고 싶은 실버타운에서 입주 체험을 할 수 없는 경우가 많지만, 같은 곳이 아니어도 실버타운에서의 생활을 미리 체험해 보는 것은 정말 큰 도움이 됩니다. 실버타운을 선택하는 눈이 길러지기 때문이죠. '월명성모의 집'은 일정 비용을 내면 2주 동안 생활이 가능하고 '동해약천온천실버타운'은 일일 체험은 물론 몇 달 체험도 할 수 있으니, 실버타운 입주를 원한다면 꼭 체험을 해보길 바랍니다.

실버타운에 입주하기 위해 얼마의 돈이 필요할까요? 실버타운에 입주하기 위해서는 입주 당시 목돈이 필요한데요, 우선 임대형 실버타운의 경우는 입주 보증금이 필요합니다. 분양형, 즉 자가소유형 실버타운은 주택을 구입하는 비용이 듭니다.

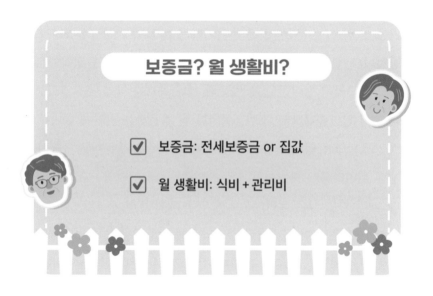

보증금? 월 생활비?

☑ 보증금: 전세보증금 or 집값

☑ 월 생활비: 식비 + 관리비

매달 지불하는 생활비에 가장 큰 비중을 차지하는 부분은 아무래도 식비일 겁니다. 월 생활비는 식비와 함께 공동시설 유지 및 관리 비용과 직원 인건비, 화재 보험료 등이 들어가고, 주 1~2회

청소 비용도 포함됩니다.

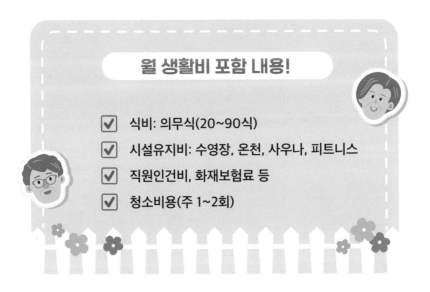

월 생활비 포함 내용!

- ✓ 식비: 의무식(20~90식)
- ✓ 시설유지비: 수영장, 온천, 사우나, 피트니스
- ✓ 직원인건비, 화재보험료 등
- ✓ 청소비용(주 1~2회)

그 이외에 전유부분의 상하수도요금, 전기요금, 급탕비 등의 공과금이 있습니다. 그리고 개인별로 내는 전화 요금, 인터넷 사용료, 케이블TV 시청료 등의 비용도 추가로 내야 합니다. 일부 실버타운은 기본 관리비를 낮추고 난방비를 세대별로 따로 청구하기도 합니다. 피트니스센터, 사우나 등 공동시설 이용료를 일괄적으로 부과하지 않고 이용하는 사람만 내도록 하는 실버타운도 있습니다.

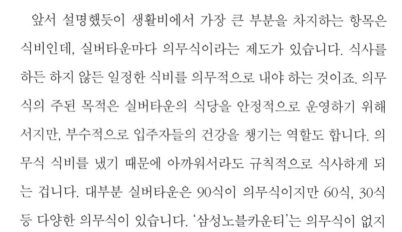

추가 지출해야 할 비용!

- ✓ 상하수도비, 전기료, 급탕비
- ✓ 인터넷, 케이블TV 시청료, 전화요금
- ✓ 난방비(일부 타운 따로 청구)
- ✓ 시설이용료(일부 타운 따로 청구)

앞서 설명했듯이 생활비에서 가장 큰 부분을 차지하는 항목은 식비인데, 실버타운마다 의무식이라는 제도가 있습니다. 식사를 하든 하지 않든 일정한 식비를 의무적으로 내야 하는 것이죠. 의무식의 주된 목적은 실버타운의 식당을 안정적으로 운영하기 위해서지만, 부수적으로 입주자들의 건강을 챙기는 역할도 합니다. 의무식 식비를 냈기 때문에 아까워서라도 규칙적으로 식사하게 되는 겁니다. 대부분 실버타운은 90식이 의무식이지만 60식, 30식 등 다양한 의무식이 있습니다. '삼성노블카운티'는 의무식이 없지만, 입주자들이 평균 65식 정도는 식사를 한다고 합니다.

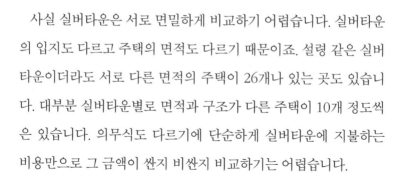

실버타운과 의무식!

- ✓ 90식: 서울시니어스 서울타워, 유당마을, 시외지역
- ✓ 60식: 더시그넘하우스, 청심빌리지, 서울시니어스타워들
- ✓ 45식: 노블레스타워, 마리스텔라
- ✓ 30식: 서울시니어스 고창타워, 스프링카운티자이
- ✓ 20식: 더 클래식 500

사실 실버타운은 서로 면밀하게 비교하기 어렵습니다. 실버타운의 입지도 다르고 주택의 면적도 다르기 때문이죠. 설령 같은 실버타운이더라도 서로 다른 면적의 주택이 26개나 있는 곳도 있습니다. 대부분 실버타운별로 면적과 구조가 다른 주택이 10개 정도씩은 있습니다. 의무식도 다르기에 단순하게 실버타운에 지불하는 비용만으로 그 금액이 싼지 비싼지 비교하기는 어렵습니다.

실버타운에 있는 주택 중에서 좁은 면적 중 비교적 세대수가 많은 곳을 1인 가구 주택으로 정하고, 넓은 면적의 주택 중 비교적 세대수가 많은 곳을 부부 가구 주택으로 정하여 다른 실버타운과 비교하는 것이 좋겠습니다.

실버타운 순위 매기기?

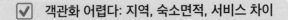

- ☑ 객관화 어렵다: 지역, 숙소면적, 서비스 차이
- ☑ 의무식 차이: 20식, 30식, 45식, 60식, 90식
- ☑ 각 타운 중 많이 있는 숙소 기준

실버타운 간 비교를 위해서 DL값을 정했습니다. 이 값은 실버타운에 입주할 때 필요한 보증금과 생활비를 모두 반영한 것으로, 다른 곳과 비교하기 위한 값입니다.

보증금 부분에서는 보증금을 투자하여 연 3% 수익률로 얻은 수익금의 한 달분과 생활비 부분에서는 의무식을 90식으로 환산한 월 생활비를 합한 값입니다.

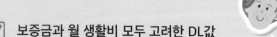

공빠티비 순위 산정 방법

- ☑ 보증금과 월 생활비 모두 고려한 DL값
- ☑ 보증금 → 연 3% 수익률의 월 수익금
- ☑ 월 생활비 → 90식 환산

자, 그럼 실버타운에 입주했다면 월 생활비는 얼마나 들까요?

개인마다 다르겠지만, 실버타운에서 한 달 사는 데 필요한 금액을 알아보기 위해서 N값을 정해보겠습니다. 먼저 실버타운별로 의무식 제도가 달라서, 90식으로 환산하여 비교하기 쉽게 정리했습니다. 의무식이 적은 경우에는 추가로 식사를 만들어 먹거나 사 먹어야 하기 때문이죠. 가구별로 지출하는 항목 중 실버타운에 입주하면 식비, 주거비, 여가와 취미 비용 등은 월 생활비에 포함되어 있습니다. 하지만 통신비, 교통비, 의료비, 기타 용돈 등의 비용은 추가로 필요합니다. 신한은행에서 발간한 〈보통사람 금융생활보고서 2022〉의 자료를 참고하여 60대 이후 가구에서 추가로 필요한 금액을 1인 가구는 50만 원, 부부 가구는 100만 원으로 설정했습니다. 이렇게 N값은 90식으로 환산한 생활비에 1인 가구는 50만 원을 더하고, 부부 가구는 100만 원을 더하여 얻었습니다. 어떤 사람은 이 금액이 부족할 것이고 어떤 사람은 남을 수도 있겠죠. 여러 실버타운을 방문해 취재하면서 우리가 산출한 N값이 실제 실버타운에 사는 분들이 말하는 한 달 생활비와 비슷한 금액이라는 것을 확인했습니다.

| 공빠TV 실버타운 순위 |

(2023년 8월 5일 1인 기준 보증금과 생활비)

1인 DL순위	실버타운명	1인 보증금	1인 월 생활비 (의무식)	1인 월 생활비 (의무식)
1	더 클래식 500	900,000,000	4,520,000	452(20식)
2	브이엘 르웨스트 ★	750,000,000	2,150,000	215(30식)
3	백운호수 푸르지오 ★	570,000,000	1,900,000	190(30식)
4	삼성노블카운티	320,000,000	2,600,000	260(0식)
5	브이엘 라우어 ★	446,400,000	2,140,000	214(30식)
6	더시그넘하우스	440,000,000	1,920,000	192(60식)
7	서울시니어스 강서타워	390,000,000	2,090,000	209(60식)
8	서울시니어스 가양타워	386,000,000	2,000,000	200(60식)
9	더시그넘하우스 청라 ★	335,000,000	1,990,000	199(60식)
10	서울시니어스 분당타워	325,000,000	2,060,000	206(60식)
11	유당마을	230,000,000	2,230,000	223(90식)
12	노블레스타워	330,000,000	1,460,000	146(45식)
13	스프링카운티자이	400,000,000	900,000	90(30식)
14	마리스텔라	247,400,000	1,450,000	145(45식)
15	서울시니어스 강남타워	231,210,000	1,470,000	147(60식)
16	청심빌리지	100,000,000	1,720,000	172(60식)
17	서울시니어스 서울타워	192,000,000	1,700,000	170(90식)
18	동해약천온천실버타운	130,000,000	1,300,000	130(90식)
19	미리내실버타운	100,000,000	1,340,000	134(90식)
20	서울시니어스 고창타워	170,000,000	600,000	60(30식)
21	공주원로원	80,000,000	1,040,000	104(90식)
22	월명성모의 집	60,000,000	1,050,000	105(90식)
23	일붕실버랜드	0	1,000,000	100(90식)

1인 가구 기준 실버타운 순위는 더 클래식 500, 브이엘 르웨스트, 백운호수 푸르지오, 삼성노블카운티, 브이엘 라우어, 더시그넘하우스, 서울시니어스 강서타워, 서울시니어스 가양타워, 더시그넘하우스 청라의 순입니다. 그다음으로는 서울시니어스 분당타워, 유당마을, 스프링카운티자이, 마리스텔라, 서울시니어스 강남타워, 청심빌리지, 서울시니어스 서울타워, 동해약천온천실버타운, 미리내실버타운, 서울시니어스 고창타워, 공주원로원, 월명성

(2023년 8월 5일 1인 기준 보증금과 생활비)

1인 DL순위	실버타운명	1인 월 생활비 (90식)	1인 DL값	1인 N값	규모 (세대)
1	더 클래식 500	5,500,000	8,125,000	6,000,000	760
2	브이엘 르웨스트 ★	3,050,000	5,237,500	3,550,000	810
3	백운호수 푸르지오 ★	2,680,000	4,342,500	3,180,000	536
4	삼성노블카운티	3,400,000	4,333,333	3,900,000	555
5	브이엘 라우어 ★	2,860,000	4,162,000	3,360,000	574
6	더시그넘하우스	2,240,000	3,523,333	2,740,000	169
7	서울시니어스 강서타워	2,340,000	3,477,500	2,840,000	142
8	서울시니어스 가양타워	2,260,000	3,385,833	2,760,000	350
9	더시그넘하우스 청라 ★	2,320,000	3,297,083	2,820,000	139
10	서울시니어스 분당타워	2,250,000	3,197,917	2,750,000	254
11	유당마을	2,230,000	2,900,833	2,730,000	279
12	노블레스타워	1,820,000	2,782,500	2,320,000	239
13	스프링카운티자이	1,500,000	2,666,667	2,000,000	1,345
14	마리스텔라	1,770,000	2,491,583	2,270,000	264
15	서울시니어스 강남타워	1,700,000	2,374,363	2,200,000	95
16	청심빌리지	1,970,000	2,261,667	2,470,000	155
17	서울시니어스 서울타워	1,700,000	2,260,000	2,200,000	144
18	동해약천온천실버타운	1,300,000	1,679,167	1,800,000	146
19	미리내실버타운	1,340,000	1,631,667	1,840,000	216
20	서울시니어스 고창타워	1,100,000	1,595,833	1,600,000	389
21	공주원로원	1,040,000	1,273,333	1,540,000	100
22	월명성모의 집	1,050,000	1,225,000	1,550,000	100
23	일봉실버랜드	1,000,000	1,000,000	1,500,000	159

모의 집, 일붕실버랜드입니다.

보증금을 보면, 더 클래식 500이 9억 원이고, 브이엘 르웨스트 7억 5,000만 원, 브이엘 라우어, 더시그넘하우스, 스프링카운티자이가 4억 원대입니다. 보증금 3억 원대인 실버타운은 서울시니어스 강서타워, 서울시니어스 가양타워, 노블레스타워, 서울시니어스 분당타워, 삼성노블카운티입니다.

마리스텔라, 서울시니어스 강남타워, 유당마을이 보증금 2억 원대이고, 보증금 1억 원대는 서울시니어스 서울타워, 서울시니어스 고창타워, 동해약천온천실버타운, 미리내실버타운, 청심빌리지 등 5곳입니다. 1억 원 미만의 보증금이 필요한 실버타운은 공주원로원, 월명성모의 집, 일붕실버랜드 등 3곳입니다.

1인 가구 의무식과 생활비, 즉 꼭 내야 할 비용을 살펴보면 더 클래식 500이 의무식 20식에 월 452만 원이 들고, 삼성노블카운티 등 7곳의 의무식 생활비가 200만 원대였으며, 100만 원대인 곳은 13곳, 100만 원 미만은 2곳으로 조사되었습니다.

실버타운에 살기 위해서 실제로 드는 비용, 즉 N값을 살펴보겠습니다. 더 클래식 500은 600만 원이 들고, 삼성노블카운티는 390만 원이 듭니다. 브이엘 르웨스트와 백운호수 푸르지오, 브이엘 라우어는 300만 원대 생활비가 들고, 서울시니어스 가양타워 등 12곳은 200만 원대의 생활비가 듭니다. 그다음 미리내실버타운부터

건강하고 행복한 노후의 집

일봉실버랜드까지 6곳이 100만 원대 생활비로 나타났습니다.

결론적으로 1인 가구 기준으로 보증금은 1억 원부터 4억 원까지 드는 실버타운이 많고, 의무식 생활비는 100만 원에서 210만 원, 실제 생활비는 150만 원부터 280만 원까지 드는 곳들이 많았습니다.

| 공빠TV 실버타운 순위 |

(2023년 8월 5일 부부 기준 보증금과 생활비)

부부 DL순위	실버타운명	부부 보증금	부부 월 생활비 (의무식)	부부 월 생활비 (의무식)
1	더 클래식 500	900,000,000	4,800,000	480(40식)
2	브이엘 르웨스트 ★	1,160,000,000	3,900,000	390(60식)
3	삼성노블카운티	620,000,000	4,230,000	423(0식)
4	백운호수 푸르지오 ★	750,000,000	3,200,000	320(60식)
5	브이엘 라우어 ★	580,000,000	3,100,000	310(60식)
6	서울시니어스 분당타워	571,000,000	3,510,000	351(120식)
7	더시그넘하우스 청라 ★	491,000,000	3,408,000	341(120식)
8	더시그넘하우스	600,000,000	3,090,000	309(120식)
9	서울시니어스 강서타워	480,000,000	3,190,000	319(120식)
10	노블레스타워	550,000,000	2,590,000	259(90식)
11	서울시니어스 가양타워	465,000,000	3,000,000	300(120식)
12	서울시니어스 서울타워	410,000,000	3,380,000	338(180식)
13	서울시니어스 강남타워	446,160,000	2,760,000	276(120식)
14	유당마을	310,000,000	3,540,000	354(180식)
15	마리스텔라	359,600,000	2,510,000	251(90식)
16	스프링카운티자이	550,000,000	1,200,000	120(60식)
17	청심빌리지	200,000,000	2,800,000	280(120식)
18	미리내실버타운	200,000,000	2,680,000	268(180식)
19	동해약천온천실버타운	250,000,000	2,000,000	200(180식)
20	서울시니어스 고창타워	230,000,000	900,000	90(60식)
21	공주원로원	130,000,000	1,990,000	199(180식)
22	일봉실버랜드	0	1,900,000	190(180식)
23	월명성모의 집	70,000,000	1,500,000	150(180식)

부부 가구 기준 실버타운 순위는 더 클래식 500, 브이엘 르웨스트, 삼성노블카운티, 백운호수 푸르지오, 브이엘 라우어, 서울시니어스 분당타워, 더시그넘하우스 청라, 더시그넘하우스, 서울시니어스 강서타워, 노블레스타워의 순입니다. 그다음은 서울시니어스 가양타워, 서울시니어스 서울타워, 서울시니어스 강남타워, 유당마을, 마리스텔라, 스프링카운티자이, 청심빌리지, 미리내실버타운, 동해약천온천실버타운, 서울시니어스 고창타워, 공주원로

(2023년 8월 5일 부부 기준 보증금과 생활비)

부부 DL순위	실버타운명	부부 월 생활비 (180식)	부부 DL값	부부 N값	규모(세대)
1	더 클래식 500	6,760,000	9,385,000	7,760,000	760
2	브이엘 르웨스트 ★	5,700,000	9,083,333	6,700,000	810
3	삼성노블카운티	5,830,000	7,638,333	6,830,000	555
4	백운호수 푸르지오 ★	4,760,000	6,947,500	5,760,000	536
5	브이엘 라우어 ★	4,540,000	6,231,667	5,540,000	574
6	서울시니어스 분당타워	3,880,000	5,545,417	4,880,000	254
7	더시그넘하우스 청라 ★	3,720,000	5,470,000	4,720,000	169
8	더시그넘하우스	4,070,000	5,502,083	5,070,000	139
9	서울시니어스 강서타워	3,690,000	5,090,000	4,690,000	142
10	노블레스타워	3,310,000	4,914,167	4,310,000	239
11	서울시니어스 가양타워	3,520,000	4,876,250	4,520,000	350
12	서울시니어스 서울타워	3,380,000	4,575,833	4,380,000	144
13	서울시니어스 강남타워	3,210,000	4,511,300	4,210,000	95
14	유당마을	3,540,000	4,444,167	4,540,000	279
15	마리스텔라	3,140,000	4,188,833	4,140,000	264
16	스프링카운티자이	2,400,000	4,004,167	3,400,000	1,345
17	청심빌리지	3,300,000	3,883,333	4,300,000	155
18	미리내실버타운	2,680,000	3,263,333	3,680,000	216
19	동해약천온천실버타운	2,000,000	2,729,167	3,000,000	146
20	서울시니어스 고창타워	1,800,000	2,470,833	2,800,000	389
21	공주원로원	1,990,000	2,369,167	2,990,000	100
22	일붕실버랜드	1,900,000	1,900,000	2,900,000	159
23	월명성모의 집	1,500,000	1,704,167	2,500,000	100

건강하고 행복한 노후의 집

원, 일붕실버랜드, 월명성모의 집입니다.

보증금을 보면 신축 중인 브이엘 르웨스트가 11억 6,000만 원이고, 더 클래식 500이 9억 원, 백운호수 푸르지오가 7억 5,000만 원, 삼성노블카운티와 더시그넘하우스가 6억 원대입니다. 보증금 5억 원대인 실버타운은 브이엘 라우어, 스프링카운티자이, 서울시니어스 분당타워, 노블레스타워입니다. 더시그넘하우스 청라, 서울시니어스 강서타워, 서울시니어스 가양타워, 서울시니어스 서울타워와 서울시니어스 강남타워가 보증금 4억 원대고, 유당마을과 마리스텔라가 보증금 3억 원대입니다.

보증금 2억 원대는 동해약천온천실버타운, 서울시니어스 고창타워, 미리내실버타운, 청심빌리지 등 4곳입니다. 보증금 2억 미만인 곳은 공주원로원, 일붕실버랜드, 월명성모의 집 등 3곳이 있습니다.

부부 가구 의무식과 생활비, 즉 꼭 내야 할 비용을 살펴보면 더 클래식 500이 의무식 40식에 월 480만 원이 들고, 삼성노블카운티는 423만 원(의무식 없음), 유당마을은 354만 원(의무식 180식), 서울시니어스 분당타워는 351만 원(의무식 120식)이었습니다. 10곳의 의무식 생활비가 300만 원대였습니다. 6곳의 의무식 생활비는 200만 원대, 200만 원 미만인 곳은 5곳이었습니다.

실버타운에 살기 위해서 실제로 드는 비용, 즉 N값을 살펴보겠습니다. 더 클래식 500은 776만 원이 들고, 삼성노블카운티는 683만 원입니다. 브이엘 르웨스트는 670만 원, 백운호수 푸르지오는 576만 원, 브이엘 라우어는 554만 원입니다. 그다음 서울시니어스 분당타워부터 마리스텔라까지 10곳이 400만 원대의 생활비가 듭니다. 미리내실버타운, 스프링카운티자이, 동해약천온천실버타운 등 3곳은 300만 원대, 나머지 4곳이 200만 원대 생활비가 드는 것으로 조사되었습니다.

결론적으로 부부 가구 기준으로 보증금은 2억 원부터 6억 원까지의 실버타운이 많고, 의무식 생활비는 200만 원에서 350만 원, 실제 생활비는 300만 원부터 500만 원까지 드는 곳들이 많았습니다.

추천할 만한
국내 실버타운

더 클래식 500:

우리나라 최고급 호텔식 실버타운

#서울 도심을 조망하는 고급 주택

#호텔식 럭셔리 서비스

#천연암반수 스파와 야외 수영장

#쉼터 역할을 하는 음악 감상실과 도서관

#응급상황에 대비하는 메디컬 시스템

건강하고 행복한 노후의 집

더 클래식 500은 자타 공인 우리나라 최고급 실버타운입니다. 이곳을 방문했을 때 엘리베이터에서 유쾌하게 인사를 건네는 남성 어르신을 만났습니다. 중후하면서도 세련된 모습의 어르신은 한눈에 보기에도 기업의 대표나 임원이 아닐까 하는 생각이 들었지요. 이곳은 우리나라 최고급 실버타운이라는 명성에 걸맞게 생활 비용이 상당히 높습니다. 경제활동을 지속해 경제적으로 여유 있으면서 도심에서 다양한 문화와 여가생활, 커뮤니티 활동을 즐기려는 사람이라면 마다할 이유가 없습니다.

"경제적 여유만 있다면
마다하지 않을 호텔급 실버타운"

이곳은 경제적 여유가 있으면서도 일을 계속하려는 액티브 시니어에게 안성맞춤입니다. 도심 인프라를 누리면서 호텔급 시설과 서비스를 제공받으며 노후를 보내려는 사람에게 추천할 만합니다. 실버타운 중 가장 비용이 비싼 곳이지만, 재계약률이 90%가 넘으며 입주하려면 오랜 기간 대기해야 하죠. 열심히 일한 당신 스스로에게 주는 선물로, 더 클래식 500에서 살아보는 건 어떨까요?

삼성노블카운티:
자연 친화적인 최고급 실버타운

#입주민 전체를 대상으로 하는 고급 테이블 서비스

#돌봄이 필요한 시니어를 위한 너싱홈

#지역 주민과 함께 이용하는 스포츠센터

#아이들 웃음소리 가득한 어린이집

#안전을 위한 세심한 관리

#건강 상태에 따른 세분화된 서비스

건강하고 행복한 노후의 집

복잡한 서울을 벗어나 용인으로 내려오면 삼성노블카운티가 있습니다. 이곳은 6만 8,000평(약 22만 4,793m^2)에 이르는 드넓은 전원 속에 있죠. 북쪽으로 청명산이, 남동쪽으로는 기흥호수가 보이는 곳으로 20년 동안 가꾼 정원이 봄여름이면 푸르른 녹음으로, 가을이면 단풍으로 뒤덮입니다. 정원 규모가 워낙 크고 탁 트여 있어 마음의 여유를 되찾기에 제격입니다. 삼성에서 노인복지 사업의 일환으로 삼성생명공익재단을 만들어 의욕적으로 추진한 시설이니만큼 20년 이상 된 시설임에도 최고급 실버타운으로 꼽힙니다.

"활기찬 분위기의 최고급 전원형 실버타운"

실버타운 내에 의료, 운동, 문화 및 생활 편의시설이 충분합니다. 또한, 한 달 살기 등 장기 여행을 하는 시니어를 위한 생활비 할인 제도도 운영하니 액티브 시니어에게도 안성맞춤입니다. 삼성노블카운티는 비용이 높다는 것 외에는 특별한 단점을 찾아보기 힘든 최고급 실버타운으로, 노후를 근심 걱정 없이 보내기 바라는 시니어라면 누구든 좋아할 수밖에 없는 곳입니다.

#03

더시그넘하우스:
강남에 있는 신축 호텔급 실버타운

#아름다운 중앙정원이 보이는 로비

#옥상정원에서 누리는 작은 수확의 기쁨

#후기고령자를 위한 너싱홈(요양센터)

#정원을 둘러싼 피트니스센터

#정신을 맑게 가다듬는 명상실

#다양한 문화와 여가 프로그램

#건강관리 맞춤 서비스

#전문가의 식단 서비스

서울시 강남 보금자리주택지구에 있는 더시그넘하우스. 북서쪽으로 대모산이 병풍처럼 둘러쳐져 있어 겨울바람을 막아주는 안온한 곳입니다. 설립자 박세훈 회장은 이곳을 처음 세울 때 시설 전문가와 서비스 전문가를 각각 1명씩 스카우트해 착공 때부터 일을 맡겼다고 합니다. 그 결과 여러 실버타운의 바람직한 서비스와 기존 실버타운 시설의 장점을 모았습니다. 그 덕분인지 숙소가 작은데도 깔끔하고 실용적이며 공용 공간이 넓어 전체적으로 쾌적합니다.

"수영장이 없어도 괜찮아,
    강남에서 합리적인 비용으로 지낼 수 있어"

2022년부터 입주 나이 제한이 85세 이상에서 80세 이상으로 낮춰졌습니다. 젊은 시니어 위주로 모집해 밝고 활기찬 분위기를 만들려는 의도입니다. 수영장은 없지만, 근처 자곡문화센터에 수영장 시설이 있습니다. 또 실버타운 중 최근에 만들어진 신축 실버타운으로 보증금과 월 생활비를 개인 맞춤식으로 조정할 수 있다는 것도 반가운 점입니다. 실버타운의 위치나 시설과 서비스를 따져보면 입주 비용도 합리적이라 생각됩니다.

#04

서울시니어스 분당타워:

가장 넓은 주택이 있는 실버타운

#호텔 로비 같은 럭셔리 인테리어

#월별 프로그램이 있는 체력 단련실

#맞은편의 분당서울대학교병원

#일상 속 운동, 100m 길이의 복도

#일대일 맞춤 운동 처방

#지역 주민과 입주자들을 위한 의료 서비스

#내부 정원을 바라보며 즐기는 식사

건강하고 행복한 노후의 집

1기 신도시인 분당의 노인복지주택 서울시니어스 분당타워는 불곡산 자락의 고즈넉한 운치와 분당의 인프라를 누릴 수 있는 곳입니다. 실버타운 내에 의원도 있고, 길 건너에는 분당 서울대학교병원이 있어 의료시설을 쉽게 이용할 수 있습니다. 분당이 생활 터전이라서 분당을 떠나고 싶지 않은 사람들이나 대학병원의 치료와 관리가 필요한 시니어에게도 좋은 선택이 될 수 있습니다. 전체 254세대 규모로 300명이 생활하는데, 그중 90세 이상이 100여 명일 정도로 건강하게 장수하는 입주민이 많은 곳입니다.

"분당 인프라를 이용하면서 자연도 만끽하고 싶은 시니어라면"

'천당 밑에 분당'이라는 말이 있을 정도로 분당 생활권은 다양한 편의시설은 물론 노후에 필요한 인프라까지 갖추고 있습니다. 이곳은 탄천을 산책로로 활용할 수 있고 불곡산을 끼고 있어 공기도 매우 좋습니다. 인근에 분당서울대학교병원이 있는 것 역시 큰 장점이죠. 분당의 여러 인프라를 누리면서 전원의 분위기까지 만끽하길 바라는 시니어에게 알맞은 실버타운입니다.

서울시니어스 강서타워:

국내 최초 분양형 실버타운

#취향에 따라 리모델링할 수 있는 분양형 주택

#규모는 작아도 햇살이 잘 드는 수영장

#시니어가 직접 가꾸는 옥상 텃밭

#매일 다른 프로그램이 열리는 문화 여가실

#피트니스 개인 맞춤 밀착 관리

#24시간 운영하는 간호 데스크 및 의료 지원 서비스

건강하고 행복한 노후의 집

지금으로부터 10년 전, 부인의 권유로 다른 실버타운에서 5년 동안 살다 나와 이곳에 입주한 노부부를 만났습니다. 지금은 남편 90세와 아내 87세로 정정하신 부부였죠. 남편은 해군 중장과 국회의원을 지낸 분이었는데 실버타운에 적응하지 못해 집으로 돌아가서 살다가 강서타워에 입주했습니다. 실버타운으로 돌아온 부부는 마음가짐까지 변했습니다. 그들은 이곳에 오기 전까지 '나이 들어서 무슨 임플란트냐?'라고 생각했지만, 지금은 생각이 변해 임플란트도 했습니다. 여생을 건강하게 보내려는 의지가 인상적이었습니다.

"교통과 서비스는 훌륭하지만 세대수가 적은 것 아쉬워"

이곳은 마곡, 여의도, 종로에 직장이 있는 시니어에게 추천합니다. 현재 설립 초기 입주민의 30% 정도가 지금까지도 생활하고 있어 평균 연령이 높은 편입니다. 병원 로비와 바로 연결되며 15층 스카이라운지 식당까지 편리한 시설을 갖추고 있습니다. 많은 사람이 함께 누릴 수 있으면 좋지만 142세대로 세대수가 적은 것이 아쉬운 점이죠. 1년에 평균 10건 정도 거래되는데 대개 이사 철에 거래가 되고 있으니 시기를 잘 맞춰보세요.

노블레스타워:
도심 속 오아시스 실버타운

#맥시멀 라이프를 추구하는 시니어에게도 적합한 주택

#가족과 함께하는 온천수영장

#성큰가든과 워킹트랙

#케어가 필요한 시니어를 위한 요양원과 의원

#옥상에서 즐기는 게이트볼

#극장 부럽지 않은 영화관

#대표가 함께 거주하는 실버타운

#개운산의 자연을 느끼는 산책 프로그램

건강하고 행복한 노후의 집

노블레스타워에 방문했을 때 다른 실버타운이 폐업해 오갈 곳이 없어지는 바람에 함께 살던 20여 명과 동시에 입주하신 한 할머니와 이야기를 나눌 수 있었습니다. 그녀는 이곳에서 진행하는 다양한 프로그램을 이용해 아침부터 밤까지 체조, 게이트볼, 포켓볼, 탁구, 수영, 걷기 등 다채로운 활동을 해 지루할 틈이 없다고 합니다. 또 "이곳에서는 즐길 것이 많아 하루가 너무 짧다. 이런 혜택을 다 누리려면 한 살이라도 젊을 때 들어와야 한다"라고 말했습니다.

"도심에 있는 데다
다양한 부대시설을 갖춰 심심할 틈 없어"

노블레스타워는 건물 규모가 커 수영장, 게이트볼장, 찜질방 등 21개의 부대시설이 있습니다. 수중 재활 프로그램을 비롯해 탁구, 요가, 어깨 재활치료, 단전호흡 등 프로그램도 다양하지요. 위치상 도시의 번잡한 분위기를 싫어하는 사람이 아니라면 서울 도심 속 오아시스 같은 곳입니다. 활동적이며 직장 때문에 도심에 거주해야 하는 시니어에게 매력적인 곳으로, 서울에 사는 자녀와 손자녀들이 들르기에도 편리한 곳입니다.

유당마을:
국내 실버타운의 롤모델인 최초 실버타운

#우리나라에서 가장 오래됐지만 인테리어는 감각적

#입주자 건강 상태에 따른 공간 분리

#타운 안에 있는 부속의원과 한의원

#리모델링 후 쾌적하게 즐기는 게이트볼장

#가마가 있는 도예실

#세심한 안전관리

#개원 초부터 유지한 의무식 90식 제도

건강하고 행복한 노후의 집

건물 너머로 광교산이 펼쳐져 있는 유당마을은 1988년 개원한 우리나라에서 가장 오래된 실버타운입니다. 그동안 축적한 노하우로 안정적으로 운영되고 있는 만큼 시니어들에게 신뢰도가 높습니다. 이곳의 넓은 면적 주택에 입주하고 싶었던 한 부부는 원하는 면적의 주택이 없자 일단 작은 주택 두 채를 얻어 입주했다가 2년 만에 큰 주택이 비어 이사했다고 합니다. 이들 부부는 한집으로 합치며 매우 행복해했습니다. 오래 기다려서라도 꼭 살고 싶은 실버타운임이 틀림없는 것 같습니다.

"35년간 축적한 노하우로 운영하는 실버타운의 롤모델"

1988년에 개원했지만 관리가 잘되고 있다는 인상을 줍니다. 35년 세월이 무색할 정도입니다. 내부를 둘러보면 이곳이 가장 오래된 실버타운이라고는 믿기지 않을 만큼 쾌적하며, 축적된 운영 노하우도 많은 것을 알 수 있습니다. 보증금이 1억~3억 원으로 서울보다 보증금 부담이 적은 편인 데다, 입주한 이후로는 보증금을 올리지 않는 정책을 시행하고 있어 목돈 지출이 부담되는 시니어라면 고려해 볼 만합니다.

서울시니어스 가양타워:
주택 타입이 가장 많은 실속형 실버타운

#채광이 좋은 팔각형 타운

#선택의 폭이 넓은 26가지 타입의 주택

#탁 트인 전망의 옥상정원

#350석 규모의 송도아트홀

#전문 치료 가능한 의원과 요양센터

#입주민의 비용 부담을 줄인 프로그램

#체계적 운동 관리 서비스

#단계적으로 케어하는 돌봄 서비스

건강하고 행복한 노후의 집

서울 지하철 9호선 증미역 4번 출구로 나와 강서소방서 옆길로 들어서면 서울시니어스 가양타워가 보입니다. 15층 높이의 아파트가 나무에 둘러싸여 있습니다. 가까이에서 보면 전체 경관을 파악하기 어렵지만 조금 멀리서 보면 팔각형 건물 2개를 연결해 놓은 독특한 모습이 인상적입니다. 입주민을 만나 세대 안으로 들어가 보았는데 무엇보다 채광이 잘 든다는 점이 마음에 들었습니다. 최근 인테리어를 새로 해 깔끔하기도 했죠. 분양형으로 입주한다면 세대 내 인테리어를 바꾸는 데 제한이 없어, 자기 소유의 집에 로망이 있는 시니어에게 추천합니다.

"목돈 들지만 월 생활비가 저렴해
여유 자금이 있는 실속형 시니어에게 추천"

서울에 위치해 보증금이 조금 부담스럽지만, 생활비는 상대적으로 저렴한 편입니다. 독신인 시니어가 작은 규모의 주택을 선택할 경우 합리적인 생활비로 아파트의 편리함과 실버타운의 장점을 모두 누릴 수 있습니다. 특히 분양형 주택을 계약하면 주택연금으로 활용할 수 있습니다. 이곳에서 만난 한 입주민은 자신을 따라 동창생이 하나둘 입주했는데, 이제는 이곳에서 동창모임을 할 정도로 인원이 많아졌다고 합니다.

09

마리스텔라:

인천 천마산 자락 대학병원을 품은 실버타운

#24평형과 35평형 2가지 타입의 주택

#다양한 부대시설과 활발한 동호회 활동

#병원과 커뮤니티가 어우러지는 공간

#등산로와 연결되는 산책로

#건강 증진을 돕는 100세 건강센터

#매일 미사가 열리는 성당

#대학병원이 있어 안정적인 의료 서비스 제공

건강하고 행복한 노후의 집

인천 천마산 아래 깨끗하고 한적한 언덕에 자리 잡은 마리스텔라는 2022년 현재 인천 지역의 유일한 노인복지주택입니다. 인천지하철 2호선 서구청역에서 도보로 10분 거리에 위치합니다. 천주교 인천교구 산하의 실버타운으로 신부님이 원장이니만큼 천주교 신앙 공동체를 지향합니다. 실버타운과 성모요양원이 함께 있고, 가톨릭관동대학교 국제성모병원이 지하로 연결됩니다. 지병이 있거나 건강이 걱정인 시니어에게는 대학병원의 의료 서비스를 원활히 받을 수 있는 점도 이곳의 매력이죠.

"교통, 자연, 의료시설을 고루 갖춘 곳.
천주교인이라면 금상첨화"

도심 인프라와 마음이 편안해지는 자연을 함께 누릴 수 있는 곳입니다. 최근 입주한 한 60대 입주민은 인천서구청역까지 운행하는 셔틀버스를 타고 출근합니다. 식사 준비나 가사 부담에서 벗어나 일에 집중할 수 있어 만족한다고 합니다. 그는 출근 전 천마산에서 산책한 뒤 아침 식사를 하고 미사에 참석해 기도를 드립니다. 이곳에 온 뒤 매일이 행복하다고 합니다.

#10

서울시니어스 강남타워:

강남에 있는 도서관 옆 실버타운

#전용률 높은 주택과 경제적인 공동생활공간

#독서하기 좋은 예쁜 도서관 못골도서관

#다채로운 시설이 있는 자곡문화센터

#도심 속 걷기 좋은 둘레길

#생활비를 낮춘 관리 시스템

#전문의의 세심한 출장 의료 서비스

건강하고 행복한 노후의 집

서울시니어스 강남타워는 서울시 강남구 자곡동에 위치한 노인복지주택으로 비교적 최근인 2015년에 설립된 실버타운입니다. 강남에 위치한 건물치고는 소박한 모습으로 강남 생활권을 벗어나지 않으면서 노후를 보내려는 시니어들이 선호하는 곳이죠. 특히 이곳의 장점을 잘 아는, 가까운 아파트 단지에 사는 사람들이 노후 주거지로 결정한 경우가 많습니다. 총 95세대인데 150가구가 대기 중이며 비교적 젊은 50대 대기자가 늘어나고 있는 것도 이곳의 특징입니다.

"생활비가 적게 드는 강남살이를 원하는
시니어들에게 추천하는 곳"

대부분의 실버타운은 공동생활공간이 많아 시설 관리와 운영에 인건비가 많이 드는데 이곳은 공동생활공간을 최소화해 생활비를 크게 줄였습니다. 강남 생활권을 벗어나지 않으면서 노후를 보내려는 시니어들이 선호하는 곳이죠. 그만큼 대기자가 많은데, 얼마나 기다려야 입주할 수 있을까요? 역시 강남은 강남인 것 같습니다.

11

스프링카운티자이:
가장 세대수가 많은 대단지 실버타운

#100% 분양형, 아파트 못지않은 전용률

#주택에서 보이는 영구 녹지 조망

#대학병원을 품은 노인복지주택

#입주민들의 풍요로운 삶 자이안센터

#매일 산책할 수 있는 멱조산 둘레길

#전문가가 관리하는 입주민 건강

#적은 관리비 부담

#활발한 커뮤니티와 동호회 활동

건강하고 행복한 노후의 집

스프링카운티자이는 동백 신도시의 편리한 인프라를 누릴 수 있다는 점에서 추천 노후 주거지로 자주 언급됩니다. 공빠네는 이곳에 관심이 많아 입주 초기에 몇 차례 방문했습니다. 입주민 간 갈등으로 노인복지주택이면서도 실버타운의 취지를 살리지 못하고 일반 아파트와 다름없어진 곳이 많은데, 이곳은 다행히 실버타운으로 자리를 잡아가고 있습니다. 공동커뮤니티 시설이 잘 갖춰져 있고, 노인복지 전문 인력과 특기를 가진 입주민들이 다양한 프로그램을 개발해 운영 중입니다.

"아파트 수준의 관리비로 마음에 쏙 드는
  부대시설과 동호회 활용하기"

대단지 실버타운으로 일반 아파트만큼 관리비가 저렴하고, 분양형 실버타운으로 주택연금에 가입해 노후 생활비 마련이 가능한 것이 장점입니다. 노후에 살기 좋은 동백지구의 인프라를 이용하면서 용인세브란스병원의 의료 서비스와 동백역의 교통 혜택을 모두 누릴 수 있습니다. 자연녹지지역에 둘러싸여 탁 트인 녹지 조망이 가능해 아파트처럼 편리하게 생활하면서 전원생활 분위기도 만끽할 수 있습니다.

청심빌리지:
청평호와 신선봉을 품은 실버타운

#청평호반과 푸른 산을 조망하는 전원형 실버타운

#멋진 조망 속 건강을 위한 식단

#차향 맡으며 담소를 나누는 카페

#실버타운 앞마당 파크골프장

#차로 4분 거리의 HJ매그놀리아국제병원

#보증금 문턱을 낮춘 가격 정책

#전원생활을 만끽할 수 있는 친환경 프로그램

건강하고 행복한 노후의 집

뒤로 펼쳐진 산과 청평호가 청심빌리지를 포근하게 감싸 안고 있습니다. 이곳에 입주한 어느 부부는 남편이 암 수술을 한 뒤 양평 전원주택에서 2년간 살다 공빠TV를 보고 실버타운을 알게 되어 입주했다고 합니다. 전원주택에 살면 관리는 물론 병원 다니기도 쉽지 않은데, 청심빌리지에서 편리하게 생활하며 건강까지 좋아졌다고 말했습니다. 부부 중 한 사람이 아픈 경우 특히 실버타운 입주를 추천합니다. 실버타운에서 다양한 서비스를 받으며 생활하면 환자뿐 아니라 간병하는 배우자에게도 큰 도움이 됩니다.

"서울 근교에 위치한 전원형 실버타운.
파크골프를 즐기는 액티브 시니어에게 권유"

자연친화형 실버타운을 원하지만 서울 근교의 실버타운을 찾는 시니어나, 국내 이곳저곳에서 살아보고 싶은 액티브 시니어에게 추천합니다. 위치상 경기 북부권과 강원도를 여행하기에 적합하죠. 보증금 부담이 상대적으로 적어 목돈이 부족한 연금 생활자나 역이민자에게도 알맞고, 아침저녁으로 제공하는 해독 면역 주스는 식단을 중요하게 생각하는 시니어에게 더욱 매력적입니다. 한 달 살기가 가능했지만, 지금은 대기자가 많아 중단됐습니다.

서울시니어스 서울타워:

국내 최초 도심형 실버타운

#도심 인프라를 마음껏 누리는 실버타운

#연식에 비해 깔끔한 인테리어

#도보 1분 거리에 서울송도병원

#전망이 일품인 운동 관리실

#한옥을 옮긴 듯한 휴게실 사랑방

#일대일 밀착 서비스

#스탬프 챌린지 프로그램

#건강한 90세도 입주 가능

건강하고 행복한 노후의 집

서울시니어스 서울타워는 1998년에 설립된 서울 최초의 실버타운입니다. 오래된 만큼 시설이 노후했지만 관리를 잘해 깨끗합니다. 우리가 만난 1호 계약자이자 첫 번째 입주민인 한 어르신은 서울타워가 개원한 이후 25년간 건강하게 살고 계셨습니다. 입주할 때 친구들이 왜 집을 놔두고 그런 곳에 가느냐고 말렸다는데, 지금은 친구들 중 가장 건강해서인지 선견지명이 있었다며 부러움을 산다고 했습니다. 80대 중반이라고는 믿기지 않게 10년은 젊어 보여 저절로 고개가 끄덕여졌습니다.

"세대수에 비해 직원이 많아 입주민 일대일 밀착 케어가 가능"

국내 최초 도심형 실버타운으로 오래된 만큼 노하우를 바탕으로 한 관리도 철저합니다. 1명의 직원이 약 2.9세대를 관리해 업무의 부담을 줄였습니다. 그 덕분에 개인별로 고령 입주민을 케어할 수 있는 시스템을 갖추고 있습니다. 풍부한 인적자원을 이용해 고령 입주민을 배려하는 세심한 서비스가 돋보입니다. 프로그램도 아기자기한 활동으로 구성했습니다. 90세가 넘어도 입주가 가능해 고령 시니어에게도 추천할 만합니다.

동해약천온천실버타운:

동해와 온천을 품은 실버타운

#부부 세대가 많은 실버타운

#매일 이용하는 약천온천

#태백산맥 아래 펼쳐진 파크골프장

#일출과 일몰이 멋진 해안산책로

#체험 숙박이 가능한 온천 숙박 패키지 프로그램

#생활비에 포함된 수도 요금과 냉난방비

#텃밭에서 직접 기른 유기농 농산물 식단

건강하고 행복한 노후의 집

깊고 푸른 동해가 바라보이는 이곳은 365일 일출을 볼 수 있고, 중탄산 나트륨 온천인 약천온천에서 매일 온천욕을 즐길 수 있는 동해약천온천실버타운입니다. 바다를 바라보는 듯 서 있는 모습이 자못 위엄 있어 보입니다. 지붕은 사각뿔을 올려놓은 듯하고, 북쪽과 서쪽으로 망운산과 밥봉이 병풍처럼 실버타운을 감싸고 있습니다. 체험 숙박을 하러 왔다가 일출을 보고 반해 입주한 어르신이 있을 정도죠. 이곳을 한 번이라도 방문한다면 누구라도 휴식과 힐링의 시간을 보내기 위해 다시 찾을 것입니다.

"매일 즐길 수 있는 약천온천과 토속 밥상으로 건강해지는 곳"

온탕, 열탕

매일 약천온천을 이용할 수 있다는 것이 최대 장점입니다. 건강이 염려되는 시니어나 피로 회복이 필요한 시니어에게 휴양을 권합니다. 서울에서 멀리 떨어져 있다는 느낌도 있지만 의외로 대중교통이 편리합니다. 식사는 제철 나물반찬과 어머니가 해주시던 추억의 반찬이 떠오르는 토속적인 음식으로 고령 어르신들의 입맛에 딱 맞는 맞춤 건강식단입니다. 건강밥상, 온천, 저렴한 생활비 그리고 멋진 자연이 이곳의 매력입니다.

미리내실버타운:
미리내성지에 있는 전원형 실버타운

#별이 잘 드는 주택 전망
#타운 내 노인 전문 병원 대건효도병원
#마음이 고요해지는 미리내성지
#건강을 챙기는 체력 단련실
#방문요양 서비스 및 주간보호 서비스
#간병인이 함께 지내며 도움받을 수 있는 곳
#신앙생활로 심신을 건강하게 하는 곳

건강하고 행복한 노후의 집

호수가 보이는 아름다운 전원, 미리내성지에서 가까운 거리에 위치해 순교자들의 정신을 느낄 수 있는 곳, 미리내실버타운입니다. 남쪽으로 미산저수지가 펼쳐져 있는 이곳은 남쪽을 제외한 삼면이 산으로 둘러싸인 전원형 실버타운입니다. 경기도 안성의 천주교 성지인 미리내성지에 위치해 있습니다. 도심과 떨어진 곳이지만 자동차로 1시간이면 동탄역과 오산역에 닿습니다. 한적한 전원에서 여유로운 노후를 보내려는 시니어나 수도권에 거주하는 자녀를 둔 시니어라면 관심을 가질 만합니다.

"미리내성지에서 심신의 안정을 찾고 싶은
　시니어에게 추천하는 곳"

대건효도병원의 의료진과 연계하여 건강관리 서비스를 제공하고 있습니다. 부부 중 한 사람이 아픈 경우, 아픈 배우자는 대건효도병원이나 전문요양원에 입원하고 건강한 배우자는 미리내실버타운에 입주할 수 있습니다. 미리내성지의 맑은 기운을 느끼며 신앙생활로 평온한 노후를 보내려는 분들에게 추천합니다. 자녀들이 거주하는 수도권에서 가까이 살고자 하는 시니어들에게도 안성맞춤입니다.

서울시니어스 고창타워:

자연이 멋진 힐링 리조트형 실버타운

#멋진 골프장과 방장산이 보이는 주택

#고창 천혜의 자연환경

#리조트형 휴양단지 석정 웰파크시티

#게르마늄 온천 석정온천

#중산층도 편안한 생활 가능

#높은 수준의 의료시설을 구비한 병원

#힐링 면역 프로그램

건강하고 행복한 노후의 집

고창타워는 석정 웰파크시티 안에 있는 노인복지주택입니다. 석정 웰파크시티는 의료시설과 주거단지, 관광단지가 함께 있는 휴양단지입니다. 특히 고창이라는 지역은 유네스코 생물권보전지역으로 지정된 청정 지역인 만큼 빼어난 자연환경을 갖추고 있습니다. 파나마에서 이곳으로 역이민한 입주자는 한눈에 공빠를 알아보고 반갑게 인사를 건넸는데, "고국에 그렇게 오고 싶으셨나요?"라고 묻자 "고창에 꼭 오고 싶었어요"라고 답했습니다. 고창은 인생에서 꼭 한번 살아보고 싶을 만큼 매력 넘치는 곳입니다.

"멋진 자연, 온천, 편리한 시설로 어우러진 리조트형 실버타운"

수술 이후 회복을 위해 휴양이 필요한 사람과 건강을 챙겨야 하는 사람에게 추천하는 곳입니다. 본인의 건강을 챙기거나 부모님을 곁에서 모시고 싶은 젊은이도 함께 살 수 있습니다. 웰파크시티 안에 있는 석정힐스와 석정파크빌에 거주하면 됩니다. 은행, 병원, 약국, 하나로마트, 식당과 카페 등 편의시설도 잘 갖춰져 있어 생활이 편리하죠. 이곳의 진가를 알아챈 사람들이 전 세계 여기저기에서 모여드는 곳입니다.

공주원로원:

충남 공주에 있는 도심근교형 실버타운

#아담한 생활공간, 걷기 좋은 산책로

#실버타운 옆 요양원

#요양원 전 단계, 주간보호센터

#건강 증진을 위한 운동실

#주간보호 서비스와 방문요양 서비스

#종교인을 위한 신앙 프로그램

#정기 건강관리 서비스

건강하고 행복한 노후의 집

한적한 자연 속에 들어온 것 같습니다. 공주원로원은 백제의 수도였던 충남 공주시에 위치한 나무와 꽃으로 둘러싸인 실버타운입니다. 실버타운 앞 치유 정원에는 야생화가 피어 있습니다. 동물 농장과 작은 동산, 텃밭도 있죠. 그러면서도 도심까지 차로 10분 이내에 도착할 수 있는 도심근교형 실버타운입니다. 공주는 음악회와 전시회, 백제문화제 같은 문화 콘텐츠가 풍부한 도시입니다. 백제의 문화에 흠뻑 취해 교양을 쌓고 예술적 감성을 키우면서 노년을 보내기에는 안성맞춤인 곳입니다.

"월 100만 원의 생활비,
요양원과 실버타운이 함께 있는 곳"

이곳의 가장 큰 장점은 저렴한 생활비입니다. 시설 관리 비용을 포함해 1인 기준 한 달에 104만 원으로 생활이 가능합니다. 신앙생활에 집중하면서 여생을 보내고 싶은 시니어에게도 추천합니다. 92세의 아버지를 모시고 이곳에 왔다는 한 공빠TV 구독자는 초고령자임에도 따뜻하게 맞아준 인정 넘치는 곳이라고 고마워했습니다. 요양원이 함께 있기 때문에 부부 중 한 사람이 아프다면 이곳 입주를 권유합니다.

월명성모의 집:

경북 김천의 실속형 실버타운

#자연이 살아 숨 쉬는 텃밭

#목돈이 부족해도 살 수 있는 실버타운

#실버타운과 함께하는 요양원

#집밥처럼 정갈한 식단

#미리 체험하는 일일 숙박 프로그램

#신앙생활로 편안한 노후

건강하고 행복한 노후의 집

경상북도 김천에 위치한 월명성모의 집. 여러 동의 건물이 낮은 산자락에 안겨 있는 모습이 평안해 보입니다. 타운 내에 요양원과 의원이 함께 운영되고 있어 편리합니다. 건물 자체가 햇볕이 잘 들어오게 배치되어 있죠. 이곳은 건물 뒤로 예쁜 산책길이 나 있습니다. 이 길의 이름은 '십자가의 길'로 입주민들이 식사를 마친 뒤 즐겨 찾는 곳입니다. 들꽃들이 살랑살랑 바람에 흔들리는 모습이 아름답죠. 자연의 숨결을 느낄 수 있습니다. 초입 비석에 새겨진 성경 글귀를 읽으며 산책길을 걷다 보면 입주민들이 직접 일군 텃밭이 나옵니다.

"보증금이 부족해도 입주할 수 있는
 자연 친화적 전원형 실버타운"

이곳은 목돈이 적어도 입주가 가능하므로 목돈이 부족한 시니어라면 월명성모의 집에 주목해 보세요. 경제적으로 어려운 시니어뿐 아니라 천주교를 좋아하는 사람에게 좋은 곳입니다. 2명의 신부님이 매일 미사를 집전하고 신앙 상담을 해주며 주기적으로 성지순례 프로그램도 진행합니다. 신앙생활을 하며 평안한 노후를 보내고 싶은 시니어와 목돈이 부족한 시니어에게 추천할 만합니다.

#19

일붕실버랜드:
동굴사찰과 함께하는 가성비 실버타운

#독특한 동굴사찰이 일품인 곳

#역이민자에게 조용히 알려지는 곳

#후기고령자 시설과 일붕효누리요양원

#풍요로운 문화생활 의령예술촌

#27년간 운영한 이사장의 적극적인 관리

#여가 활동을 돕는 노인대학

#노후를 평생 보장하는 특별한 가격 정책

건강하고 행복한 노후의 집

산을 넘어 도착한 전원형 실버타운 일봉실버랜드. 건물 앞 논에는 벼가 익어가고, 실버타운 왼쪽에는 일봉사가 자리 잡고 있습니다. 건물은 소박하지만 내부는 관리자의 손길을 느낄 수 있을 만큼 정갈하고 정리 정돈이 잘되어 있습니다. 마치 시골 어느 마을 초등학교 같은 느낌입니다. 이런 정감 어린 분위기에는 27년간 운영한 이사장의 역할이 큽니다. 산책하다 만난 몇몇 시니어에게 이곳의 가장 큰 자랑거리가 무엇인지 묻자 이구동성으로 "우리 이사장님이지"라고 말했습니다. 입주민들의 이사장에 대한 신뢰와 사랑을 느낄 수 있었습니다.

"평생 보장제와 생활비선납제, 전원형 가성비 실버타운"

1인 생활비가 월 100만 원으로 상당히 저렴한 편에 속하는 가성비형 실버타운입니다. 저렴한 생활비지만, 자세하게 살펴보면 주변 환경도 좋고, 식사도 양호하며, 어르신들이 제대로 대접받는 곳이죠. 노인일자리사업을 통해서 기초연금 외에도 생활비를 벌고 있는 분들을 찾아볼 수 있습니다. 멋진 자연 속에서 편안하게 노후를 보내고자 하는 시니어에게 추천하는 실버타운입니다.

브이엘 라우어:

부산 오시리아 관광단지에 생기는 대단지 실버타운

#프로젝트 파이낸싱으로 조성되는 실버타운

#롯데호텔 1호 실버타운

#3단계 의료 서비스로 안심할 수 있는 실버타운

건강하고 행복한 노후의 집

'브이엘 라우어'는 부산시 기장군 기장읍 당사리 530번지 일원에 지하 4층, 지상 18층 규모로 들어섭니다. 대지면적 6만 1,031㎡, 연면적 19만 9,715㎡ 규모에 달합니다. 주택 574세대가 만들어지고 유료 양로시설인 헬스 타운 '라티브' 408실, 의료시설인 '라우어 한방병원'과 '라우어 르메디 센터' 그리고 상업시설인 '라우어 애비뉴' 등이 함께 조성됩니다. 오시리아관광단지 중 메디타운 부지에 대규모 시니어 복합단지가 형성되는 것입니다. 주변에 롯데프리미엄아울렛과 롯데월드 매직포레스트, 아난티 힐튼 부산, 이케아 동부산점, 스카이라인 루지, 문화예술타운 '쇼플렉스' 등 다양한 시설이 들어서 관광과 휴양, 쇼핑을 즐기며 자녀, 손주까지 3대가 모두 만족할 만한 곳입니다. 2024년 10월 입주 예정입니다.

롯데그룹이 롯데호텔 앤 리조트를 중심으로 시니어 사업에 뛰어들어 실행하는 첫 프로젝트입니다. 그동안 분양 금지로 초기 투자금을 회수하기 어렵고 정책적 금융지원도 없어 실버타운 사업이 활발하지 못했습니다. 이곳의 성패에 따라 롯데그룹의 30곳 이상의 실버타운 조성 가능성을 가늠해 볼 수 있는 만큼 롯데 측도 최선을 다할 수밖에 없을 겁니다. 반려동물과 함께하는 최초의 실버타운으로 의의가 있습니다.

더시그넘하우스 청라:

청라신도시를 품은 실버타운

#성공적인 더시그넘하우스의 2호점

#스마트 건강관리 시스템

#청라국제도시의 인프라를 누리는 실버타운

'더시그넘하우스 청라'는 인천시 서구 청라동 137-4에 지하 3층, 지상 9층 규모로 지어집니다. 대지면적 4,177.9 m^2, 연면적 1만 6,915.97m^2 규모로 조성돼 노인복지주택이 9개 평형 138실로 들어섭니다. 인천 청라국제도시의 제3종 일반주거지역, 제1종 지구단위 계획구역 중 문화·의료·복지 용지를 확보하여 건설 중입니다. 청라국제도시는 청라호수공원을 비롯한 공원이 잘 조성되어 있고 쇼핑몰, 은행, 병원 등의 편의시설도 잘 갖춰져 있어 생활하는데 불편이 없습니다. 서울 주요 지역이나 인천 도심까지 차로 30분대에 진입이 가능하고 인천공항고속도로, 경인고속도로, 수도권 제2순환고속도로에 인접해 인천국제공항과 김포국제공항으로의 접근성도 뛰어납니다.

강남의 더시그넘하우스가 시설과 운영 면에서 이미 성공한 만큼 청라의 2호점이 더욱 기대됩니다. 1호점에도 높은 점수를 주고 싶은데, 시설 설계와 운영 면에서 쌓은 노하우를 더시그넘하우스 청라에 어떻게 펼쳐놓을지 궁금합니다. 수도권에 새로운 실버타운이 생기기를 기다려온 시니어들이 전국에서 모여들 것으로 기대합니다. 개원 일정은 2023년 11월로 잡혀 있습니다.

브이엘 르웨스트:

마곡 마이스복합단지를 품은
호텔식 실버타운

#마곡지구 마이스복합단지에 위치한 실버타운

#원스톱 의료 서비스

#롯데건설과 롯데호텔이 제공하는 프리미엄 주거 서비스

'브이엘 르웨스트'는 부산시 기장군에 조성되는 '브이엘 라우어'에 이은 롯데그룹의 두 번째 실버타운입니다. 서울시 강서구 마곡서로 101 마곡지구 CP3-1 블록에 들어설 브이엘 르웨스트는 대지면적은 1만 5,238㎡, 연면적은 15만 7,175.35㎡로 지하 6층, 지상 15층 규모로 4개 동을 짓습니다. 주택은 전용면적 15(51㎡)~43(145㎡)평으로 총 10가지 타입 810세대를 건설합니다. 국내 최대 규모의 마곡 마이스복합단지에 위치하고, 서울 지하철 5호선 마곡역, 서울 지하철 9호선과 공항철도 마곡나루역 등 트리플 역세권으로 인천국제공항과 김포국제공항 및 서울 접근성이 뛰어나죠. 서울식물원이 바로 옆에 위치해 숲세권의 장점도 누릴 수 있습니다. 롯데호텔의 노하우를 담은 호텔 서비스와 개인 맞춤형 헬스케어 서비스를 준비하고, 반려동물과 함께 생활할 수 있는 실버타운으로 만들어집니다.

마곡은 대한민국 서부를 대표하는 도시로 거듭나고자 합니다. 컨벤션센터와 호텔, 실버타운, 업무시설, 판매시설 등이 결합된 서울 최대 규모 복합단지가 될 것으로 기대합니다. 질 높은 의료 서비스로 노후 주거지로서는 더없이 좋을 겁니다. 또 주변에 15만 평 규모의 서울식물원이 있어 반려동물과 함께 산책하기도 좋을 것 같습니다. 40년 노하우를 바탕으로 한 롯데호텔의 특별한 서비스를 기대해 봅니다.

백운호수 푸르지오
숲속의 아침 스위트:
3대가 생활 가능한 세대 공존형 실버타운

#오피스텔과 실버타운 복합단지

#강남에 가까운 자연 속 대단지 실버타운

#3,500평 초대형 커뮤니티

건강하고 행복한 노후의 집

'백운호수 푸르지오 숲속의 아침 스위트'는 경기도 의왕시 학의동에 조성되는 오피스텔과 실버타운이 함께 조성되는 대단지 복합주거단지입니다. 지하 6층~지상 16층 2개 단지로, 오피스텔 842실과 노인복지주택 536세대로 총 1,378세대로 구성됩니다. 오피스텔에는 만 60세 미만의 자녀세대가 거주할 수 있으므로 3대가 함께 생활할 수 있는 새로운 주거공간이 만들어지는 것이죠. 과천봉담도시고속화도로 청계IC가 바로 앞에 있어서 강남, 판교, 과천, 안양, 수원 등 수도권 중심으로 빠르게 이동이 가능합니다. 가까이에 있는 백운호수의 둘레길과 5분 거리에 바라산자연휴양림이 있어서 산책하기에도 좋은 곳입니다. 1km 거리에 롯데 프리미엄 아울렛(타임빌라스)이 있어서 쇼핑을 하기에 편리합니다.

세대 내부를 넉넉한 공간과 수납공간으로 구성하여 일반 아파트의 생활을 그대로 유지할 수 있도록 하였습니다. 생활의 편리를 위하여 기본적인 구성 외에 인덕션과 김치냉장고, 세탁건조기를 배치하였습니다. 3,500여평의 초대형 커뮤니티에는 실내외 수영장, 피트니스, 사우나, 골프연습장, 메디컬센터가 만들어지고, 이곳만의 특별함은 바디케어센터의 월 1회 마사지 서비스입니다.

테마별 실버타운 추천

🔘 역이민자 추천 실버타운 TOP 4

　해외에 거주하다가 한국으로 돌아와 노후 생활을 보내고 자 하는 시니어들이 갈수록 늘고 있습니다. 편안하고 행복한 노후를 보낼 수 있는, 역이민자에게 추천할 만한 실버타운 4곳 은 어디일까요?

- 서울시니어스 고창타워
- 동해약천온천실버타운
- 청심빌리지
- 서울시니어스 가양타워

SCAN ME!

🔘 수영장이 있는 실버타운 6곳

　시니어가 무리하지 않고 즐길 수 있는 스포츠는 무엇일 까요? 바로 수영입니다. 수영은 전신 유산소 운동으로 오래 버 티는 힘을 키워주고 혈관과 혈액 등의 순환 기능을 향상합니다. 또 폐나 기관지 등의 호흡 능력을 높여서 우리 몸의 산소 섭취 능력을 강화하는 데 좋은 운동이죠. 수영은 기분 전환에도 아주 좋습니다. 자유롭고 즐겁게 누구나 할 수 있는 운동이며 체력에 맞춰서 운동량을 조절할 수도 있습니다. 관절에 무리가 가지 않으면서 부력으로 체중을 받쳐주기에 운동을 하면서도 안전하기도 하죠. 그래서 수영은 몸 상태를 회복하기 위한 재활 운동 중 안전한 재활 운동에 속합니다.

이렇듯 수영은 건강을 유지하는 데에 큰 효과가 있고 특히, 시니어에게는 몸에 무리가 가지 않고 부담 없이 즐길 수 있는 여가생활이자 건강 유지의 비결이 되기도 합니다. 자유롭게 수영을 즐길 수 있는 실버타운이 인기가 높은데요, 수영장이 있는 대표적인 실버타운을 알아봅시다.

● 더 클래식 500
● 삼성노블카운티
● 서울시니어스 분당타워
● 노블레스타워
● 서울시니어스 강서타워
● 서울시니어스 가양타워

SCAN ME!

🌑 종교 관련 실버타운

실버타운을 탐방하다 보면 시설이 좋고 프로그램이 다양한 곳을 눈여겨보게 되는데요, 꽤 많은 곳이 종교재단에서 운영하고 있었습니다. 종교재단이 운영하는 곳을 둘러보면, 실버타운을 수익 사업이 아니라, 노인복지 차원에서 운영하고 있다는 인상을 자주 받게 됩니다. 이런 실버타운이라면 안심하고 생활할 수 있겠죠?

- ● 마리스텔라
- ● 공주원로원
- ● 일붕실버랜드
- ● 동해약천온천실버타운
- ● 청심빌리지

◖◗ 한두 달 푹 쉴 수 있는 실버타운과 호텔

한곳에 머무는 것도 좋지만, 다양한 곳에서 즐기고 싶은 사람들에게는 단기 숙박이 가능한 휴양지가 필요할 겁니다. 특히 수술을 했거나 질병이 회복된 후에는 여유로움을 느끼며 푹 쉴 수 있는 공간이 있어야 합니다. 또 역이민자는 한국에 돌아와서 일정 기간 베이스캠프 역할을 할 만한 곳도 염두에 둬야 하는데요, 이 같은 사람들을 위해 실버타운이면서 푹 쉴 수 있는 휴양지로서의 기능을 하는 곳을 소개하고자 합니다.

소개할 곳들은 온천을 즐길 수 있으면서 산책하기 좋은 곳, 그리고 적극적으로 운동도 할 수 있다는 공통점이 있습니다. 거주에 나이 제한이 없고 며칠간 지내는 것도 가능하고, 수개월 프로그램도 선택할 수 있죠.

● 동해약천온천실버타운
● 월명성모의 집
● 석정온천 힐링카운티
● 오색그린야드호텔
● 힐리언스 선마을

SCAN ME!

시니어 유형별 실버타운 추천

◖ 남자 싱글에게 추천하는 실버타운 TOP 4

홀로 생활해야 하는 남성 어르신들은 음식 준비를 비롯한 집안일에 익숙하지 않습니다. 실버타운에서 때맞춰 건강 식사를 하고, 잘 갖춰진 운동시설에서 운동하고 여가 활동 프로그램에 참여하면 활기찬 노후를 보낼 수 있지 않을까요? 독신인 남성 시니어들에게 적합한 실버타운 몇 곳을 추천합니다.

- 서울시니어스 강남타워
- 더시그넘하우스
- 서울시니어스 가양타워
- 동해약천온천실버타운

SCAN ME!

여자 싱글에게 추천하는 실버타운 TOP 4

아름다운 여자 싱글 시니어는 쇼핑, 교통, 주변 환경, 뷰티, 건강 등 다양한 요소를 고려해 실버타운을 선정합니다. 아무래도 남성 싱글보다는 고려해야 할 요소가 많은데요, 아름답고 아기자기하고 활동적인 노후 생활을 즐길 수 있는 여자 싱글을 위한 실버타운을 알아봅시다.

- 삼성노블카운티
- 노블레스타워
- 서울시니어스 분당타워
- 청심빌리지

요양원이 함께 있는 실버타운

고령으로 몸이 쇠약해지거나 노인성 질환으로 돌봄이 필요한 경우가 있을 수 있습니다. 배우자도 나이가 들어 몸이 약해져 간병하는 것은 아무래도 무리일 테죠. 힘겹게 간병하다 함께 병이 드는 경우도 많습니다. 이렇게 부부 중 한 사람이 돌봄이 필요할 정도라면, 요양원을 함께 운영하는 실버타운을 적극 추천합니다. 건강한 시니어는 실버타운에서 생활하고, 돌봄이 필요한 배우자는 요양원에 있게 하는 것이 현명한 방법이죠. 가까이 지내면 왕래하기가 편하고, 부부가 자주 만날수록 건강을 회복할 가능성이 큽니다. 우리나라 실버타운 중에는 실버타운과 요양원을 함께 운영하는 곳이 많은데요, 그중에서 고급형에 속하는 5곳과 가성비형에 속하는 4곳을 살펴보겠습니다.

부부 중 한 사람이 아플 때 추천하는 고급실버타운 TOP 5

요양원에 들어가기 위해서는 건강보험공단의 요양등급 인정 심사를 신청한 다음 노인장기요양보험 등급 중 1~2등급을 받아야 합니다. 단순히 건강이 안 좋다고 등급을 받는 것이 아니라, 일상생활에 도움이 필요한 정도에 따라 결정되는 것이죠. 쉽게 설명하면 1등급은 누워서 꼼짝 못 하는 경우이고, 2등급은 하지를 스스로 움직이지 못하고 휠체어에 의지하는 경우로 보면 됩니다. 물론 1등급과 2등급이 아니더라도 가정 형편상 집에서 생활하지 못하는 경우에 시설 등급을 받아 요양원에 입소할 수도 있습니다.

요양원에 입소할 수 있는 등급을 받으면 이용 요금의 80%는 지원을 받게 되고, 나머지 20%와 식비를 포함하여 한 달에 70만 원 정도의 비용이 듭니다. 이러한 경우는 4~6명이 한방에서 공동생활을 하게 되죠. 그런데 돌봄은 필요하지만, 등급을 받지 못한 경우나 공동생활의 불편함보다는 더 편안한 생활 속에서 고급 서비스를 원하는 수요도 있습니다. 너싱홈 또는 케어홈이라는 이름으로 불리는, 요양원과는 차별화된 고급 서비스를 제공하는 곳들을 알아보겠습니다.

- 삼성노블카운티
- 더시그넘하우스
- 유당마을
- 서울시니어스 가양타워
- 노블레스타워

SCAN ME!

🔘 부부 중 한 사람이 아플 때 추천하는 가성비 좋은 실버타운 TOP 4

앞서 소개한 실버타운은 부부 중 한 사람이 아플 때 추천할 만한 곳이지만, 고급형이다 보니 금액에서 큰 부담이 될 수 있습니다. 이번에는 실버타운 내 요양시설이 있으면서도 가성비가 좋은 실버타운 4곳을 추천합니다.

- 미리내실버타운
- 공주원로원
- 월명성모의 집
- 일봉실버랜드

SCAN ME!

[더 알아보기]

그 외 키워드별로 알아보는 실버타운

🔵 60대 시니어에게 추천하는 실버타운 TOP 4

- 더 클래식 500
- 청심빌리지
- 동해약천온천실버타운
- 서울시니어스 고창타워

🔵 70대 시니어에게 추천하는 실버타운 TOP 4

- 삼성노블카운티
- 노블레스타워
- 더시그넘하우스
- 서울시니어스 가양타워

80대 시니어에게 추천하는 실버타운 TOP 4

- 유당마을
- 서울시니어스 서울타워
- 미리내실버타운
- 서울시니어스 강서타워

100만 원 실버타운 TOP 4

- 일봉실버랜드
- 공주원로원
- 월명성모의 집
- 서울시니어스 고창타워

150만 원 실버타운 TOP 5

- 미리내실버타운
- 스프링카운티자이
- 서울시니어스 서울타워
- 서울시니어스 가양타워
- 동해약천온천실버타운

건강하고 행복한 노후의 집

알뜰살뜰
'고령자복지주택'

고령자복지주택이 뭔가요?

정부가 어르신들의 복지 차원으로 공급하는 실버타운이 있는데요, 바로 '고령자복지주택'입니다. 복지정책으로 설립되는 실버주택이다 보니 가성비가 매우 뛰어나서 공빠는 고령자복지주택에 '알뜰실버타운'이라는 별칭을 붙였습니다.

고령자복지주택은 과거에 공공실버주택이라는 용어로 사용되었으나, 최근에는 고령자복지주택으로 통용됩니다. 통상 고령자복지주택은 저소득 어르신들을 위해 주거시설과 복지시설을 함께 설치한 공공임대주택으로 이해하시면 쉽습니다. 즉 고령자복지주택은 보건, 복지, 주거가 통합된 다양한 복지 서비스를 제공하고, 무엇보다 저렴한 임대료로 어르신들이 거주할 수 있도록 만든 정부 지원 임대아파트인 셈이죠. 이곳은 어르신들이 50년 동안 월세 4~5만 원 선에서 거주할 수 있습니다. 저렴하다고 해서 시설이 결코 떨어지지는 않습니다. 일반 실버타운 못지않은 시설을 갖췄으며 정부의 지원도 받고 있죠. 고령자복지주택이라는 이름 그대로 어르신의 안전과 편의를 위한 설계가 도입되어 비상콜, 높낮이 조절 세면대, 미닫이 욕실문, 안전손잡이, 미끄럼 방지용 바닥 등이 설치되어 있습니다.

고령자복지주택은 숨어 있는 보물과도 같습니다. 공빠가 이렇게 표현하는 것은 서비스나 복지가 나무랄 데 없고, 비용도 매우 저렴한데 사람들에게 잘 알려지지 않았기 때문입니다. 이곳은 어르신들이 아파트에서 생활하면서 복지관의 식당, 사우나, 카페, 운동시설 등을 이용하고, 헬스케어, 물리치료 등 건강관리 서비스까지 받을 수 있습니다. 그 외에 다양한 문화 활동 지원도 받을 수 있죠. 민간에서 설립한 실버타운보다는 협소하고 프로그램이 많지 않을 수는 있지만, 어르신들이 안락한 노후 생활을 보내기에는 부족함이 없는 곳입니다.

건강하고 행복한 노후의 집

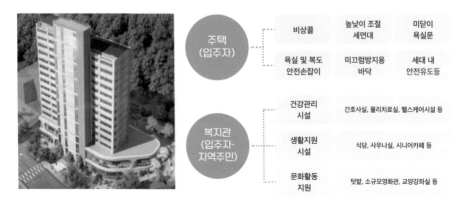

| 알뜰 실버타운(고령자복지주택) |

주택 (입주자)
- 비상콜
- 높낮이 조절 세면대
- 미닫이 욕실문
- 욕실 및 복도 안전손잡이
- 미끄럼방지용 바닥
- 세대 내 안전유도등

복지관 (입주자· 지역주민)
- 건강관리 시설 — 간호사실, 물리치료실, 헬스케어시설 등
- 생활지원 시설 — 식당, 사우나실, 시니어카페 등
- 문화활동 지원 — 텃밭, 소규모영화관, 교양강좌실 등

　　고령자복지주택은 지방자치단체가 주체가 되어 추진하고 LH에서 건설하고 있습니다. 2021년 말 기준 고령자복지주택은 이미 전국에 2,260세대가 만들어져 있습니다. 정부와 지방자치단체는 향후 2025년까지 총 1만 세대에 이르는 고령자복지주택을 공급할 계획입니다. 1만 세대라 하면 어느 정도인지 가늠하기 어려울 수 있는데, 현재 민간에서 운영하는 실버타운은 8,000세대 정도입니다. 따라서 1만 세대의 고령자복지주택이 지어지면 많은 어르신에게 혜택이 돌아갈 수 있을 것으로 생각됩니다.

▪ 임대조건

(비용 예시) 2023년 5월 26일 공고된 충남 청양교월의 임대조건

공급형	적용구분	기본임대조건(원)				전환가능보증금한도액(원)		최대전환 시 임대조건(원)	
		임대보증금			월임대료			임대보증금	월임대료
		계	계약금(계약 시)	잔금(입주 시)					
26A	「가」군	2,421,000	122,000	2,299,000	48,150	(+)	3,000,000	5,421,000	33,150
						(−)	1,000,000	1,421,000	50,230
	「나」군	9,554,000	478,000	9,076,000	99,870	(+)	11,000,000	20,554,000	44,870
						(−)	6,000,000	3,554,000	112,370

고령자복지주택에 입주하는 비용을 묻는 어르신들이 많은데요. 정부에서 고령자복지제도의 일환으로 운영하다 보니 비용 면에서도 큰 부담이 없습니다. 적용 구분에 따라 가군과 나군으로 나누고, 가군은 생계급여나 의료급여 대상자 어르신에 해당합니다. 즉 가장 형편이 어려운 분들이 가군에 포함되는 것이죠. 가군은 보증금이 242만 1,000원에 월 임대료가 4만 8,150원입니다. 나군은 일반 어르신에 해당하는데요. 보증금 955만 4,000원에 월 임대료는 9만 9,870원입니다. 보증금과 월세는 조정 가능한데, 만약 보증금을 2천 55만 4,000원으로 올리면 월 임대료는 4만 4,870원으로 내려가고, 보증금을 355만 4,000원으로 낮추면 월 임대료는 11만 2,370원으로 조금 올라갑니다.

건강하고 행복한 노후의 집

■ 공급 신청 자격

| 공공주택특별법시행규칙 제23조 및 별표6의3 제1호 |

(선정 순위 예시) 2023년 5월 26일 공고된 충남 청양교월의 신청 자격 순위

구분	순위	내용	비고
신청 자격 (만 65세 이상)	1순위	가. 국민기초생활보장법상의 **생계급여수급자 또는 의료급여수급자**	영구임대 자산기준 충족
	2순위	나. 다음 어느 하나에 해당하는 사람으로서 **소득 70%(1인 90%, 2인 80%) 이하인 자** 1) 국가유공자 등 예우 및 지원에 관한 법률에 따른 국가유공자 또는 그 유족 2) 보훈보상대상자 지원에 관한 법률에 따른 보훈보상대상자 또는 그 유족 3) 5·18민주유공자 예우에 관한 법률에 따른 5·18민주유공자 또는 그 유족 4) 특수임무유공자 예우 및 단체설립에 관한 법률에 따른 특수임무유공자 또는 그 유족 5) 참전유공자예우 및 단체설립에 관한 법률에 따른 참전유공자	
	3순위	차. 전년도 도시근로자 가구원수별 가구당 **월평균 소득 50%(1인 70%, 2인 60%) 이하**인 자	

입주자 신청 순위를 살펴보면 1순위 선발자는 생계급여나 의료급여수급자입니다. 이는 우리나라 전체 국민의 약 3%인데요, 경제적으로 어려우신 어르신에게 가장 먼저 입주 자격이 주어집니다. 그런데 대개 이런 분들은 공공임대주택에서 이미 거주하고 있기에 고령자복지주택에 1순위로 입주하는 사람은 적은 편입니다. 2순위는 국가유공자에 해당하는데, 이 어르신들도 1순위와 마찬가지로 이미 다른 곳에 거주하고 있는 경우가 많습니다. 그래서 일반 어르신들에게도 기회가 생기는 겁니다. 3순위가 바로 대부분의 일반 어르신에 해당하는데요, 전년도 도시근로자 가구원수별

가구당 월 평균소득 50% 이하인 어르신이 대상입니다. 여기서 중요한 점은 월 평균소득 50% 이하라고 공지되어 있지만, 1인 가구는 70% 이하, 부부 가구는 60% 이하로 조건이 더 완화된다는 겁니다. 1인 가구와 부부 가구는 더 우대해서 입주할 수 있는 기준을 넓혔다고 볼 수 있습니다.

그렇다면 가성비 좋은 숨은 보물인 고령자복지주택의 입주 자격은 어떻게 될까요? 저소득 고령자복지의 일환으로 정부에서 추진하는 정책 사업이기에 몇 가지 신청기준이 있습니다. 입주 자격은 '무주택', '연령', '소득과 자산' 등 크게 3가지 조건을 충족해야 하는데, 구체적으로 다음과 같습니다.

첫째, 일단 **무주택 세대 구성원**이어야 하는데요, 여기서 '무주택'이라 함은 주택이 없고 분양권도 없어야 한다는 의미입니다. 혼자이신 어르신의 경우 본인만 무주택이면 됩니다. 그런데 대부분 가족이 있는 경우가 많습니다. 세대 구성원을 형성하는 사람 중 본인과 배우자는 무조건 포함이 됩니다. 나머지 가족들과 주민등록이 함께 되어 있다면 세대 구성원 모두 집이 없어야 합니다. 만약 자녀가 주택을 가지고 있다면 세대 분리를 해야 신청기준에 부합하게 됩니다.

둘째, 공고일 현재 **만 65세 이상**이어야 합니다. 고령자를 위한

건강하고 행복한 노후의 집

복지 서비스이니 연령 조건이 맞지 않으면 입주할 수 없죠. 고령자 복지주택을 생각하시는 어르신들의 경우 대부분 연령 조건은 충족할 수 있을 것으로 생각됩니다.

세 번째는 **소득과 자산** 기준인데요. 이 부분을 잘 맞추는 것이 가장 중요합니다. 대부분 어르신이 의료급여와 생계급여 대상자가 아니기 때문에 일반인 소득 기준으로 적용해 보면 됩니다. 고령자복지주택에 들어가기 위해서는 월평균 소득이 50% 이하여야 합니다. 그런데 1인의 경우에는 20% 추가해서 월평균 소득의 70%까지 인정해 주며, 2인 부부 세대는 10% 추가해서 월평균 소득의 60%까지 가능합니다. 복잡할 수 있는데, 소득 기준은 금액으로 제시되어 있어 소득금액을 기억하시고 판단하시면 편합니다. 1인 세대는 월 소득이 234만 원 이하, 2인 세대는 월 소득이 300만 원 이하, 3인 가구의 경우에는 월 소득이 336만 원 이하여야 합니다. 세대원 전체의 합산 소득이 해당 금액 이하여야 입주 자격이 부여된다는 의미입니다.

자산 기준은 모든 세대 구성원의 자산의 합계를 따집니다. 총 순자산이 2억 5,500만 원 이하여야 하는데요. 이 금액은 우리나라 전체 가구의 순자산 순위에서 중간 정도에 해당됩니다. 사실 이 금액은 그렇게 적은 편은 아닙니다. 그래서 고령자복지주택 신청을 할 때 소득과 자산 기준을 적용한다면 70~80%의 어르신들이 입주 신청을 할 수 있을 것으로 보입니다. 자동차의 경우에는 3,683

만 원 이하여야 합니다. 고급 자동차를 소유하고 있다면 입주 자격에 맞지 않을 가능성이 높습니다. 참고로 소득과 자산 기준금액은 2023년 기준이며, 해마다 조금씩 상향되고 있습니다.

　고령자복지주택 사업 초기에는 해당 지방자치단체 고령자들만 신청 가능했습니다. 지금은 많은 지역이 거주지 조건을 완화하여 다른 곳에 사는 분들도 신청할 수 있도록 하고 있습니다. 이렇게 지역 제한을 하지 않고 모집하는 것이 합리적이라 생각됩니다. 왜냐하면 미달로 인한 추가 모집의 수고도 덜고, 다른 지역 고령자들이 유입되어 인구가 증가하는 효과도 있기 때문입니다. 대신 해당 지자체에 사는 분들을 우선으로 뽑히도록 배점에서 우대하고 있다는 점을 알아두시면 좋습니다.

　또한 기억하셔야 할 점은 신청 자격을 판단할 때 고령자복지주택 입주 공고일을 기준으로 한다는 것입니다. 즉 공고일 기준으로 앞서 설명한 신청 자격요건이 모두 충족되면 고령자복지주택 입주 기회가 생긴다는 의미입니다. 이러한 점을 염두에 두고 고령자복지주택 입주를 계획한다면 현재는 경쟁률이 높지 않기 때문에 비교적 쉽게 입주할 수 있을 것으로 예상합니다. 그러나 최근 고령자복지주택에 대한 관심이 점차 높아지고 있어 2~3년 후에는 분위기가 바뀌어서 경쟁률이 높아지리라 생각됩니다.

▨ 신청 자격 중 소득 및 자산 요건

구분	소득 및 자산 보유 기준
소득	**1. 신분별 입주 소득 기준(공공주택 특별법 시행규칙 별표3)** 　– 월평균 소득 70%(1인 90%, 2인 80%) 이하: 나목(국가유공자 등) 　– 월평균 소득 50%(1인 70%, 2인 60%) 이하: 차목(일반 입주자) **2. 월평균 소득** {{TABLE2}} * 가구원 수는 해당 세대에 속한 자(세대 구성원) 전원을 말함(임신 중 태아 포함) * 월평균 소득액은 세전금액으로 해당 세대의 월평균 소득액을 모두 합산한 금액
자산	**1. 자산 기준 적용 신분** 　나목(국가유공자 등), 차목(일반 입주자) **2. 총 자산 기준** 　세대 구성원 정원이 보유하고 있는 총자산(부동산, 자동차, 금융자산(부채 반영), 일반자산) 가액 합산 기준 25,500만 원 이하 **3. 자동차 기준** 　세대 구성원 전원이 보유하고 있는 개별 자동차 가액 3,683만 원 이하 　* 자동차는 총자산 평가와 별도로 추가 관리됨

월평균 소득 표

가구원 수	월평균 소득 50% (1인 가구 70%, 2인 가구 60%)	월평균 소득 70% (1인 가구 90%, 2인 가구 80%)
1인 가구	2,347,718원 이하	3,018,495원 이하
2인 가구	3,003,225원 이하	4,004,300원 이하
3인 가구	3,359,099원 이하	4,702,739원 이하
이하 7인 가구까지		

알뜰실버타운인 고령자복지주택을 찾는 방법을 알아보도록 하겠습니다. 고령자복지주택은 현재 살고 있는 주소지의 어르신들을 우선 선정하기 때문에, 자신이 거주하는 지역에 모집 중인 곳이 있는지 자주 확인하는 것이 좋습니다. 모집 공고 기간이 길지 않고, 아직은 경쟁률이 치열하지 않아서, 자주 확인하다 보면 숨은 보석을 찾을 수 있는 가능성도 그만큼 커질 수 있죠.

▪ 마이홈 검색

먼저 네이버나 다음 등 포털에서 '마이홈'을 입력합니다(https://www.myhome.go.kr). 마이홈 포털에서는 전국에 유형별 임대주택에 대한 모든 정보를 쉽게 찾아볼 수 있습니다. 마이홈을 검색하면 마이홈 포털이 검색 결과 상단에 나오는데, 클릭하고 들어가면 홈페이지로 연결됩니다.

N 마이홈   ▭ ▾ Q

통합 VIEW 이미지 지식iN 인플루언서 동영상 쇼핑 뉴스 어학사전 지도 ⋯

🏠 www.myhome.go.kr
마이홈포털 N 로그인
입주자모집공고 · 공공주택(통합) · 통합진단 · 행복주택 · 주거급여 · 주택 지원
국토교통부 LH 운영 주거복지포털 **마이홈**. 임대주택, 주거급여, 입주자모집공고, 주택금융, 행복주택, 뉴스테이
정보 제공

ios 앱스토어   ▶ Google Play   ⓟ 포스트

▪ 마이홈 포털 홈페이지

  홈페이지 메인 화면에서 '공공주택찾기'에 마우스를 가져가면 '임대주택찾기'와 '공공분양주택찾기'가 나오는데, 우리는 '임대주택찾기'를 클릭해야 합니다. 임대주택찾기의 첫 화면은 '입주자모집공고'인데, 전국 지도와 함께 '임대종류'와 '주택유형' 등 다양한 카테고리에서 자신에게 맞는 유형을 선택할 수 있게 합니다. 고령자복지주택은 조건만 맞으면 평생 살 수 있습니다. 가장 많이 모집하는 유형이 영구임대이므로, 임대 종류에서 '영구임대'를 선택하고, 지도에서 자신의 지역을 선택하면 공고 정보를 확인할 수 있습니다.

▪ 고령자복지주택 찾기

  세 지역의 고령자복지주택 공고를 살펴보도록 하겠습니다. 먼저 강원도 쪽을 보겠습니다. 임대 종류에서 '영구임대'를 클릭하고 지도에서 강원도를 선택해 검색하면, 강원도 지역 내 영구임대주택에 대한 정보가 화면 아래에 나타납니다. 현재 모집 중인 곳과 모집 완료된 곳이 나오는데, 2023년 5월 12일 현재 강원도에서는 총 81건의 공고가 검색됩니다. 우리가 관심을 갖고 찾아야 하는 정보는 고령자복지주택에 대한 공고입니다.

  알뜰실버타운의 공식 명칭은 '고령자복지주택'인데, 예전 명칭은 '공공실버주택'이었습니다. 마이홈 공고에서는 아직도 이 둘을

혼용해서 사용하고 있으니 두 용어를 모두 알고 있어야 합니다. 검색한 시점에서는 강원도의 고령자복지주택과 공공실버주택의 모집이 모두 완료된 것으로 나타납니다.

▪ 강원도 지역 고령자복지주택 공고

통상 마이홈 홈페이지에서는 공급지역의 공고와 입주자 모집 공고문을 다운받아 볼 수 있습니다. 이를 통해 대략 몇 세대를 모집한다든지, 일정은 어떻게 되는지 등을 알 수 있습니다.

총 81 건의 검색결과

공급유형	진행상태	지역	공고명	요약정보	모집공고일자	당첨발표일자	공급기관	관심공고
영구임대	모집완료	강원도	정선신동 영구임대주택 예비입주자 추가모집	보기	2022-07-04	2022-10-19	LH	☆
영구임대	모집완료	강원도	평룡주천 고령자복지주택(영구임대)추가 입주자 모집	보기	2022-04-11	2022-08-12	LH	☆
영구임대	모집완료	강원도	홍천북방 고령자복지주택(영구임대) 추가 입주자 모집	보기	2022-04-08	2022-07-29	LH	☆
영구임대	모집완료	강원도	평창용부 고령자복지주택(영구임대) 추가 입주자 모집	보기	2022-04-08	2022-07-29	LH	☆
영구임대	모집완료	강원도	시영 영구임대(단계은행)아파트 입주대기자 모집공고	보기	2022-04-01	2022-06-30	원주시	☆
영구임대	모집완료	강원도	[행정공고][행정공고]화천신읍 공공실버주택 예비입주자 모집	보기	2022-03-18	2022-06-30	LH	☆
영구임대	모집완료	강원도	화천신읍 공공실버주택 예비입주자 모집	보기	2022-03-18	2022-06-30	LH	☆
영구임대	모집완료	강원도	정선신동 영구임대주택 추가 입주자 모집	보기	2022-01-20	2022-04-22	LH	☆
영구임대	모집완료	강원도	장성 하련영구임대아파트 예비입주자 모집 공고	보기	2021-12-08	2022-03-02	태백시	☆
영구임대	모집완료	강원도	원주태장2 A-2블록 영구임대주택 입주자 모집	보기	2021-11-08	2022-03-25	LH	☆

* 조회된 자료는 자료수집 시점차이 등으로 인해 실제 정보와 다를 수 있으며, 정확한 내용은 해당 주택 공급기관에 확인하여 주시기 바랍니다.

1 **2** 3 4 5 6 7 8 9

■ 전라남도 진도군 지역 고령자복지주택 공고

　다음은 전라남도로 가보겠습니다. 전국 지도에서 전라남도를 클릭하면 전라남도 지역이 지도로 표시되고, 여기에서 영구임대를 클릭하고 검색합니다. 그러면 2023년 5월 12일 현재 58건의 공고문이 나와 있습니다. 전라남도 역시 현재 모집 중인 곳은 없습니다. 모집지역을 좁혀서 진도군을 검색해 보겠습니다. 총 5건의 공고가 있었는데, 모집 공고를 살펴보면 똑같은 공고문이 2020년 5

월 14일에 공지되었다가 2020년 11월 9일에 다시 게시된 것을 확인할 수 있습니다. 이것은 처음에 모집 공고를 했지만 기간 내에 입주자 모집이 완료되지 않아 다시 공고를 했다는 의미입니다. 그래서 마이홈 고령자복지주택 모집 공고를 확인하는 것이 보물을 찾는 것과 같다고 말씀드리는 겁니다. 어르신들을 위한 좋은 제도이지만 미달인 경우가 굉장히 많습니다. 그래서 추가 모집하고 또 추가 모집하는 것이고, 어떤 경우는 모집하는 인원의 몇 배를 모집하기도 합니다.

진도 쌍정 고령자복지주택(영구임대) 입주자 모집 공고를 클릭해서 들어가면 '위치', '세대수', '입주일', '공급정보', '일정' 등 해당 주택에 대한 각종 정보를 알 수 있습니다. 공개된 자료를 통해 살펴보면 진도 쌍정 고령자복지주택의 공급기관은 LH이며 영구임대로 모집하고 있는 아파트입니다. 진도 쌍정 고령자복지주택은 영구임대 유형으로 고령자복지주택은 임대아파트 안에 있다는 의미입니다.

공급유형	진행상태	지역	공고명	요약정보	모집공고일자	당첨발표일자	공급기관	관심공고
영구임대	모집완료	전라남도	[행행공고]진도쌍정 고령자 복지주택(영구임대) 입주자 모집	보기	2020-11-09	2021-02-08	LH	☆
영구임대	모집완료	전라남도	진도쌍정 고령자 복지주택(영구임대) 입주자 모집	보기	2020-11-09	2021-02-08	LH	☆
영구임대	모집완료	전라남도	진도쌍정 고령자 복지주택(영구임대) 입주자 모집	보기	2020-05-14	2020-08-26	LH	☆
영구임대	모집완료	전라남도	진도동외 영구임대주택 입주자 모집	보기	2019-08-28	2019-12-03	LH	☆
영구임대	모집완료	전라남도	진도동외 영구임대주택 입주자 모집	보기	2018-12-24	2019-03-25	LH	☆

▣ 전라남도 진도 쌍정 고령자복지주택 공고 내용

　우측 상단에 있는 해당 기관 공고보기를 클릭하면, 더 자세한 정보를 얻을 수 있고, 해당 주택의 평면도와 약도, 조감도까지 볼 수 있습니다.

　이곳은 2020년에 모집을 완료해 2021년 입주했습니다. 일반 아파트의 형태로 고령자복지주택이 만들어지고, 주거 서비스와 복지 서비스를 함께 제공한다는 취지에서 1층과 2층에는 공용시설로 복지관이 들어왔습니다.

■ 전라남도 진도 쌍정 고령자복지주택 조감도

마지막으로 충청남도 지역을 살펴보겠습니다. 영구임대 검색하기를 클릭하면 146곳의 공고문이 게재되어 있는데, 이곳은 2023년 5월 12일 현재 4곳이 모집 중인 것으로 나타납니다. 완료된 것 중에 공공실버주택 공고인 보령 명천 임대주택을 보겠습니다. 2022년 5월 26일에 추가 모집 공고가 있었고, 이미 모집은 끝난 것으로 처리되어 있습니다.

보령 명천 공공실버주택 공고문을 보면, 영구임대주택 단지 6개 동 가운데 한 동인 106동의 120세대를 고령자를 위한 고령자복지주택으로 제공했습니다. 대부분의 알뜰실버타운, 고령자복지주택은 이곳과는 다르게 독립 건물로 공급되고 있습니다.

■ 충청남도 보령 명천 공공실버주택 공고문

이와 같은 방법으로 마이홈 포털에서 조건에 맞는 고령자복지주택을 검색하다 보면 숨은 보석을 그리 어렵지 않게 찾을 수 있을 것입니다. 현재는 경쟁률이 치열하지 않기 때문에 부지런히 확인하는 어르신들이 보물을 찾을 수 있습니다.

건강하고 행복한 노후의 집

고령자복지주택에 입주하기 위해서는

알뜰실버타운은 정부가 짓고 있는 고령자복지주택을 말합니다. 일반적으로 아파트로 구성된 이곳은 65세 이상 어르신들이 살고 있고, 아파트 1, 2층에는 노인복지관을 만들어서 복지 서비스를 제공합니다. 즉, 어르신들의 편의와 안전을 위해 설계가 이루어진 맞춤형 아파트라고 생각하면 됩니다. 1, 2층의 복지관에서는 어르신들의 건강을 위해서 물리치료실, 운동실, 간호실을 갖추고 있으며, 생활 지원을 위해서 식당과 사우나, 카페 등도 만듭니다. 문화 활동 지원을 위해서 영화관이나 교양 강의실을 제공하는 경우도 있으며, 여가생활 지원을 위해 텃밭 등도 마련합니다. 어르신들께 주거와 복지 서비스를 한 장소에서 함께 제공하는 양질의 복지주택입니다.

이렇게 장점이 많은 고령자복지주택에 입주하기 위해서는 먼저 고령자복지주택에 대한 철저한 이해가 있어야 합니다. 이곳은 비용과 시설적인 면에서 가성비가 넘치는 곳임에도 불구하고 어르신들이 이해하지 못해서 놓치거나, 관심을 두지 않고 있는 실정입니다. 무엇보다 어르신들이 시설에 수용되는 걸로 오해하는 경우가 많습니다. 공동생활을 한다고 잘못 이해하고 있는 사람들도 있습니다. 이곳은 독립적인 생활을 영위하고, 본인에게 전적인 권한이 있는 아파트입니다. 본인이 주거하는 아파트의 1, 2층에 복지관을 만들어서 복지 서비스를 제공하는 것입니다.

그렇다면 고령자복지주택을 선정할 때, 주의 깊게 살펴봐야 할 점은 무엇일까요? 우선 살고 싶은 지역을 잘 결정해야 합니다. 현재 살고 있는 곳, 고향, 혹은 자신이 평소에 살고 싶었던 곳을 미리 생각해 두시면 좋습니다. 자신이 살고자 하는 곳을 정했다면 신청 자격을 제대로 갖춰야 합니다.

최근에는 지역 제한 없이 뽑고 있지만, 공고일 현재 해당 지방자치단체에 주민등록이 되어 있으면 배점에서 우대하기 때문에 유리합니다. 또한 공고일 기준으로 만 65세가 넘어야 하며, 무주택이어야 합니다. 본인뿐만 아니라 세대 구성원 전체가 무주택이어야 하기 때문에 집 있는 가족들과는 반드시 세대 분리가 필요하며, 본인 소유의 집이 없어야 합니다. 참고로 주택뿐만 아니라 분양권도 없어야 합니다.

소득과 자산 요건이 가장 중요한데, 구체적인 요건은 앞서 알아보았으니 여기에서는 입주 자격을 충족할 수 있는 방법을 알아보겠습니다. 소득 조건을 맞추기 위해서 소득이 높은 가족과는 세대 분리를 해야 하며, 소득이 적거나 없는 가족이 있으면 세대를 합치는 게 유리합니다. 가족 중에서 경제적으로 형편이 어려운 사람이 있으면 세대를 합쳐서 조건을 맞춰도 되고, 그런 다음에는 소득을 관리해야 합니다. 소득 관리라는 말은 기준 소득 이상 올라가지 않도록 해야 한다는 의미입니다.

자산 조건을 맞추기 위해서 자산이 많은, 즉 재산이 많은 가족과는 반드시 세대 분리를 해야 합니다. 소득 조건과 마찬가지로 재산이 많지 않은 가족과는 세대를 합쳐도 무방합니다. 자산이 2억 5,500만 원 이하가 되면 신청할 수 있습니다.

이러한 모든 조건은 공고일 기준으로 맞춰야 합니다. 고령자복지주택에 입주할 의향이 있다면 자신이 원하는 지역에 공고가 나오기 전에 '주소지', '소득', '자산' '무주택' 등의 조건을 갖춰두는 것이 가장 중요합니다.

2016년, 2017년, 2019년, 2020년, 2021년, 2022년 고령자복지주택 선정 지역

연도별 선정 지역

| 2016년과 2017년 공공실버주택 |

수도권　　충청도　　전라도　　경상도　　강원도　　제주도

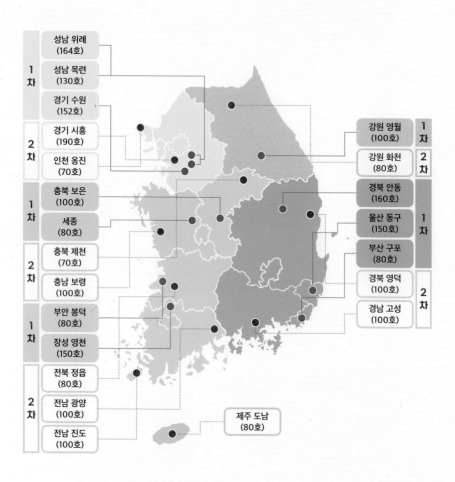

1차	성남 위례 (164호)
	성남 목련 (130호)
	경기 수원 (152호)
2차	경기 시흥 (190호)
	인천 옹진 (70호)
1차	충북 보은 (100호)
	세종 (80호)
2차	충북 제천 (70호)
	충남 보령 (100호)
1차	부안 봉덕 (80호)
	장성 영천 (150호)
2차	전북 정읍 (80호)
	전남 광양 (100호)
	전남 진도 (100호)

강원 영월 (100호) **1차**
강원 화천 (80호) **2차**

경북 안동 (160호)
울산 동구 (150호) **1차**
부산 구포 (80호)
경북 영덕 (100호) **2차**
경남 고성 (100호)

제주 도남 (80호)

| 2019년도 고령자복지주택 12곳 선정 |

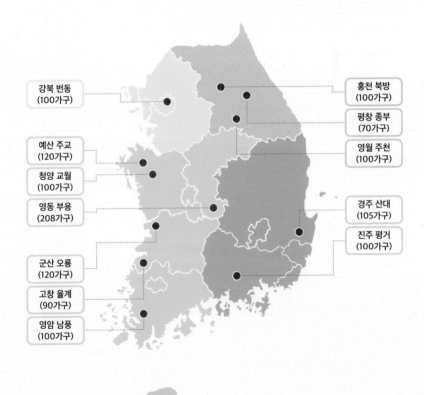

■ 수도권　■ 충청도　■ 전라도　■ 경상도　■ 강원도　■ 제주도

강북 번동
(100가구)

예산 주교
(120가구)

청양 교월
(100가구)

영동 부용
(208가구)

군산 오룡
(120가구)

고창 율계
(90가구)

영암 남풍
(100가구)

홍천 북방
(100가구)

평창 종부
(70가구)

영월 주천
(100가구)

경주 산대
(105가구)

진주 평거
(100가구)

* 2019년 선정 12곳 '고령자복지주택' 1,313가구
* 2020년 착공 2021년부터 입주자 모집

| 2020년도 고령자복지주택 10곳 선정 |

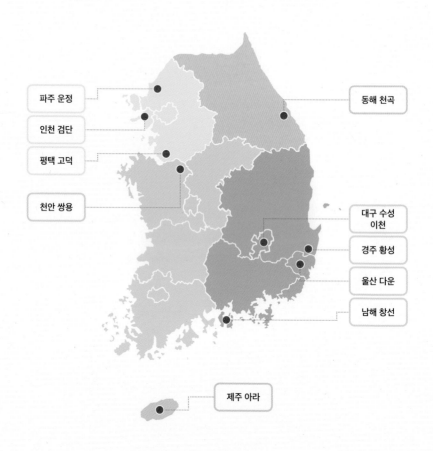

수도권　충청도　전라도　경상도　강원도　제주도

파주 운정

인천 검단

평택 고덕

천안 쌍용

동해 천곡

대구 수성
이천

경주 황성

울산 다운

남해 창선

제주 아라

건강하고 행복한 노후의 집

| 2021년도 고령자복지주택 15곳 선정 |

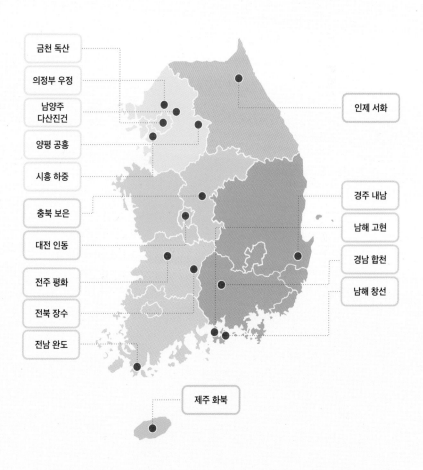

■ 수도권　■ 충청도　■ 전라도　■ 경상도　■ 강원도　■ 제주도

금천 독산

의정부 우정

남양주
다산진건

양평 공흥

시흥 하중

충북 보은

대전 인동

전주 평화

전북 장수

전남 완도

인제 서화

경주 내남

남해 고현

경남 합천

남해 창선

제주 화북

| 2022년도 고령자복지주택 3곳 선정 |

수도권 ■ 충청도 ■ 전라도 ■ 경상도 ■ 강원도 ■ 제주도

전라도

전북 장수

경상도

경북 의성

경북 경주

건강하고 행복한 노후의 집

3

삶의 균형을 이루는 곳,
'실버하우스'

꿈의 실버하우스에서 노후 생활 준비하기

2020년 기준 우리나라 사람들의 '기대수명'은 83.5세로 1970년 62.3세에서 무려 21년이나 늘어났습니다. 장수하는 나라로 유명한 일본이나 스위스와 비교해도 뒤지지 않는 수준이죠. 이는 100세 시대가 눈앞에 다가왔다는 의미이기도 합니다. 앞으로 100년 가까이 살게 될 텐데 우리는 과연 몇 살까지 건강하게 생활할 수 있을까요? 신체·정신적으로 특별한 이상 없이 생활하는 기간을 '건강수명'이라고 하는데, 우리나라 사람들의 '건강수명'은 73.1세입니다. 쉽게 말하면 73.1세까지는 건강한 삶을 살다가 그 뒤 10년 이상은 질병이나 노환으로 고생할 가능성이 크다는 뜻이죠. 노후에 아파서 지내는 기간이 10년이 넘는다는 것은 자신뿐만 아니라 가족에게도 힘겨운 일입니다. 그렇다면 질병이라는 고통 없이, 행복하고 건강한 노후 생활을 위해 우리는 무엇을 준비해야 할까요?

건강한 노후를 보내기 위해서는 규칙적이고 균형 잡힌 식사, 적당한 운동, 행복한 여가생활이 보장되어야 합니다. 건강한 노후 생활의 3박자를 고루 갖추기 위해서는 실버타운에 들어가 생활하는 것이 최선이겠지만, 현실적으로 실버타운에 입주하기란 쉽지만은 않습니다. 현재 우리나라에는 65세 이상 어르신이 약 850만 명인데, 전국 실버타운의 정원은 고작 8,000여 명에 불과합니다. 즉 0.1%의 어르신만이 실버타운에 들어가 건강한 노후 생활을 보장받을 수 있다는 의미죠.

실버타운 정원의 문제보다도 더 심각한 것은 우리나라에는 고가형 실버타운은 많으나, 서민층이 선택할 수 있는 중저가형 실버타운은 그리 많지 않다는 점입니다. 누군가는 높은 비용이 드는 실버타운 말고 고령자복지주택인 알뜰실버타운에 입주하면 되지 않느냐고 말할 수도 있지만, 이 숨은 보석도 65세 이상 인구수에 비하면 턱없이 부족하고 입주공고도 언제 올라올지 모른다는 불확실성이 있습니다.

그래서 공빠는 실버타운의 역할을 대신할 수 있고, 건강한 노후 생활의 3박자를 고루 갖출 수 있는 전국의 주거지를 물색해 왔고, 이를 '꿈의 실버하우스'라고 부르고 있습니다. 꿈의 실버하우스로 부르기 위해서는 몇 가지 필수적인 조건을 충족해야 합니다. 먼저 어르신들이 국민연금, 기초연금, 주택연금 등으로 생활비를 충당할 수 있는 곳이어야 합니다. 그리고 주변 환경이 좋고 의료기관이 가까이에 있어서 정기적으로 건강 상태를 체크할 수 있어야 합니다. 여기에 노인복지관, 도서관, 시민회관 등 즐거운 여가생활을 할 수 있는 커뮤니티 공간이 인근에 있으면 더욱 좋습니다.

[더 알아보기]

꿈의 실버하우스 FAQ

　공빠TV에서 꿈의 실버하우스를 소개할 때 어르신들이 자주 묻는 몇 가지 질문을 소개해 보겠습니다.

● **1. 꿈의 실버하우스는 왜 싸고 오래된 낡은 것들만 추천하나요?**

　2021년 정부 통계조사에 따르면 우리나라 전체 가구의 평균 자산은 5억 253만 원, 부채는 8,801만 원으로 자산에서 부채를 뺀 순자산이 4억 1,452만 원입니다. 그런데 우리나라 가구의 자산의 77.5%는 주택 등 부동산으로 묶여 있는 실정입니다. 공빠TV에서는 주거비용이 전체 자산의 50% 이내가 적정하다고 판단해 2억 원 정도의 주택을 찾아서 추천하고 있습니다. 여기에 어르신들이 생활하기 좋은 환경을 고려했습니다. 무엇보다 가벼운 생활이 가능한 20평형대, 정남향 판상형으로 베란다가 있으면서 맞통풍이 잘 되는 곳, 인근에 도서관, 노인복지관, 공원, 병원이 있는 곳을 중점적으로 살펴봅니다. 이러한 금전적, 환경적 조건을 고려해 보면 15~25년 차의 아파트가 기준에 맞았습니다.

● 2. 꿈의 실버하우스는 아파트만을 말하는 것인가요?

꿈의 실버하우스가 반드시 아파트일 필요는 없습니다. 우리나라 사람들이 아파트를 선호하기에 주로 아파트를 소개했고, 주상복합, 오피스텔, 원룸, 다가구 주택 등도 기준에만 부합하면 어떤 곳도 상관없습니다. 특히, 주상복합이나 오피스텔은 편의시설이 잘 마련되어 있기에 앞으로 실버타운 대안으로 충분한 역할을 하리라 생각됩니다.

또한, 기존 주택 매입임대라는 공공임대주택도 좋습니다. 이곳은 LH가 주체가 되어 집주인에게서 집을 매입한 다음, 그것을 리모델링해서 어르신에게 임대합니다. 소득이 도시근로자 평균소득의 50% 이하로 경제적으로 어려운 어르신들에게 해당하며 시세의 30~40% 선에서 제공합니다. 기존 주택 매입임대뿐만 아니라 영구임대주택, 국민임대주택, 행복주택과 같은 곳들도 어르신들의 노후 주거지로 고려해 볼 만합니다.

● 3. 꿈의 실버하우스는 꼭 한 곳만을 정해 생활해야 하나요?

한곳에서만 지내지 않아도 됩니다. 주된 주거지가 있더라도 무더운 여름에는 시원한 강원도에 여름 하우스를 정해 한두 달 사는 것도 좋고, 추운 겨울에는 따뜻한 남해안이나 제주도에서 지내는 것도 좋은 방법입니다. 종종 기분전환을 위해 온천 힐링 하우스를 정해 한두 달 머무는 것도 노후 건강 유지에 큰 도움이 됩니다.

꿈의 실버하우스 조건은 '경제력', '건강', '여가'가 균형을 이룰 수 있는 곳입니다. 자신의 경제력으로 생활 터전을 마련해 건강에 도움이 되는 환경과 행복한 여가를 보낼 수 있는 인프라가 있는 곳이 최적의 꿈의 실버하우스 입지 조건이라는 겁니다. 경제력은 국민연금, 기초연금과 주택연금 등을 고려해야 하고, 건강은 주변 환경, 운동 여건, 의료 환경이 적절히 갖춰져야 합니다. 여기에 여가생활이 가능한 노인복지관, 도서관, 시민회관 등이 있으면 금상첨화입니다.

최적의 조건을 만족하는 꿈의 실버하우스는 발품을 팔아 전국을 돌아다니다 보면 생각지도 못한 곳에서 발견할 수 있습니다. 공빠도 전국의 실버타운과 고령자복지주택을 탐방하면서 지역별로 어르신들이 생활하기에 좋은 꿈의 실버하우스를 발견했는데요. 몇 군데 주목할 만한 지역을 중심으로 꿈의 실버하우스를 소개해 드리겠습니다.

▪ 경기 남부 지역

경기 남부 지역에서는 광교, 영통, 수지 등이 생활하기에 좋습니다. 그런데 이곳은 집값이 상당히 비싼 편이라 '경제력' 조건에서 맞지 않은 어르신이 많을 수 있습니다. 대신 비슷한 생활권이면서 가성비 좋은 꿈의 실버하우스를 추천합니다. 바로 수원 장안구 정자동 인근 만석공원 주변 지역의 '동신 2차 아파트'입니다.

| 꿈의 실버하우스 개요(동신 2차 아파트) |

2023년 6월 1일 기준

명칭	경기도 수원시 장안구 정자동 동신 2차 아파트
주소	경기도 수원시 장안구 장안로 211(정자동 395-3)
개요	1,992세대(17평 492세대, 19평 240세대, 23평 210세대, 25평 336세대, 27평 375세대, 34평 339세대), 1988년 완공(35년 차), 15개 동(12~15층), 주차대수 0.9대, 지역난방(열병합)
가격	23평 실거래가 평균 2억 6,500만 원(2023년 6월 1일 기준)
관리비 및 세금	관리비 16만 원, 재산세 28만 원, 전용률 76%
주택연금	80만 원(70세, 종신정액형)

동신 2차 아파트를 꿈의 실버하우스로 추천한 가장 큰 이유는 만석공원과 붙어 있기 때문입니다. 만석공원 내 호수의 둘레는 1.3km로 산책하는 데에 약 20분이 소요되는데 매일 한두 바퀴씩 걸으면서 기분 전환도 하고 건강을 챙길 수 있는 환경적 조건을

갖췄습니다. 그리고 만석공원에는 노인복지관, 게이트볼장, 도서관, 전시관 등, 어르신들에게 필요한 다양한 시설이 있습니다. 이곳은 구도심이긴 하나, 잘 정돈된 중심상가가 있어 신도시에 온 느낌이 들기도 합니다. 또한, 수원 중부경찰서, 도서관, 정자공원, 정자시장과도 가까운 거리에 있습니다. 강남으로 1시간이면 출근이 가능하며 사당역까지는 광역버스로 30분밖에 걸리지 않습니다. 현재 리모델링과 재건축 등이 활발히 논의되고 있습니다.

단점은 상대적으로 지하철역과 거리가 멀며, 지하 주차장이 없고 주차대수가 적다는 점입니다. 또한, 층간 소음도 어느 정도 있으며 복도식 아파트인 점 역시 선호도가 떨어지게 하는 요인으로 작용합니다.

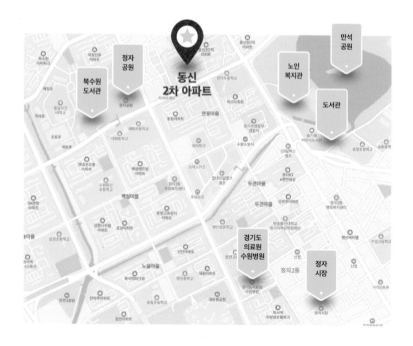

건강하고 행복한 노후의 집

꿈의 실버하우스는 가격이 비싸고 누구나 선호하는 지역이 아니더라도, 정감이 가면서 운동하기 좋은 환경을 갖춘 곳이라면 문제 없습니다. 오히려 이러한 곳들이 어르신이 생활하기에 더 적합할 수도 있습니다. 그런 점에서는 용인도 실버하우스를 찾기에 좋은 입지 조건을 갖추고 있습니다. 용인에서는 신분당선이 지나는 수지구가 각광받고 있는데, 수지구는 아무래도 집값이 높을 수밖에 없습니다. 분당선이나 에버랜드선이 지나는 전철에서는 약간 거리가 있는 곳을 오히려 추천하고 싶습니다. 이런 곳들은 아파트값도 저렴하면서 공기도 깨끗하고 자연환경이 매우 좋은 편입니다. 실버하우스를 찾는 어르신들 대부분은 은퇴했고, 자녀들도 이미 다 독립했기에 굳이 전철역 인근 비싼 곳에서 지낼 필요는 없습니다. 전철역에서는 조금 떨어져 있지만 좋은 환경의 주거지가 의외로 많습니다.

　용인에서 어르신들이 지내시기에 좋은 조건을 갖추고 있는 기흥파크뷰를 꿈의 실버하우스로 소개해 드리겠습니다. 기흥파크뷰는 무엇보다 숲세권에 있다는 것이 가장 큰 장점입니다. 남향 전망으로 골프장이 있으며, 일출과 일몰의 뷰가 멋집니다. 또한, 만골공원이 바로 옆에 위치하고 있고 도서관, 노인복지관 등도 주변에 있습니다. 신갈역세권으로 서울 접근성 역시 괜찮은 편입니다. 주변에 코스트코, 이케아, 이트레이더스, 롯데마트 등이 있어 생활여건도 뛰어납니다. 집 안에 있으면 새소리도 들리고 조용한 편이라 휴식하기에도 안성맞춤입니다.

단점으로는 상업시설과 제법 거리가 있다는 점입니다. 이는 이곳에 거주하고자 하는 어르신의 성향에 따라 단점이자 장점이 될 수도 있습니다. 아파트가 언덕 위에 위치해 있어 어르신들의 이동에 있어 불편한 점은 단점이 됩니다.

| 꿈의 실버하우스 개요(기흥파크뷰 아파트) |

2023년 6월 1일 기준

명칭	경기도 용인시 기흥구 신갈동 기흥파크뷰 아파트
주소	경기도 용인시 기흥구 기흥로 116번길 60(신갈동 697)
개요	915세대, 2004년 완공(19년 차), 19개 동 계단식, 지역난방(열병합)
가격	32평형 실거래가 평균 5억 6,400만 원(2023년 6월 1일 기준)
관리비 및 세금	관리비 26만 원, 재산세 75만 원, 전용률 79%
주택연금	170만 원(70세, 종신정액형)

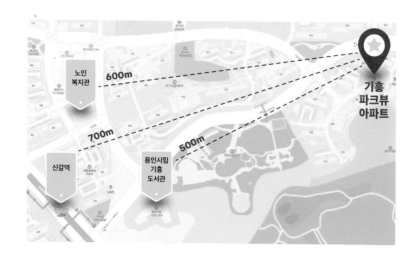

경기 남부 지역 중 판교 역시 매력이 넘치는 지역입니다. 백화점과 카페 거리, 공원이 잘 조성되어 있어 이곳에 가본 사람은 누구나 한 번쯤 살고 싶다는 생각을 하게 됩니다. 그래서 이 지역에서 꿈의 실버하우스를 찾기 위해 아파트 가격을 알아보았는데, 30평형 기준으로 20억 원이 훌쩍 넘는 곳이 많았습니다. 판교의 생활 인프라를 누리면서 2~3년 살고 싶다면 아파트 말고 오피스텔을 추천하고 싶습니다. 노후에 짐을 좀 줄여서 간소화한다면 주택이 좀 좁더라도 큰 지장이 없을 것 같습니다. 오피스텔은 한 건물 내에 식당도 여러 곳이 있고 세탁소와 편의점도 있어 멀리 가지 않더라도 생활할 수 있다는 점이 좋습니다.

| 꿈의 실버하우스 개요(판교역 SK허브 오피스텔) |

2023년 6월 1일 기준

명칭	경기도 성남시 분당구 백현동 판교역 SK허브 오피스텔
주소	경기도 성남시 분당구 판교역로 109(백현동 529)
개요	1,084세대(오피스텔로 다양한 평수로 구성), 2014년 완공(9년 차), 3개 동(8층) 복도식, 지역난방(열병합)
가격	23평 전세가 평균 2억 6,500만 원(23년 6월 1일 기준)
관리비 및 세금	관리비 20만 원, 전용률 41%
주택연금	해당 없음(전세)

　판교에서 꿈의 실버하우스로 SK허브 오피스텔을 추천합니다. 이곳은 다양한 생활 편의시설을 갖추고 있습니다. 현대백화점이 가까운 거리에 있고 단지 내에는 헬스장, 독서실, 코인세탁소, 수선집, 편의점 등이 있어 생활이 편리합니다. 주차 공간도 넉넉해서 입주민들의 만족도가 높습니다. 숲세권이라는 점 역시 빼놓을 수 없는 장점입니다. 탄천, 낙생대공원과도 인근에 있어 산책하며 여가를 즐기기에 안성맞춤입니다. 교통은 말할 것도 없습니다. 판교역이 도보로 5분 이내 거리라 강남으로의 접근성이 매우 좋고, 다양한 버스노선도 있습니다. 노인복지관과 도서관도 아주 가까운데 이곳에서는 시니어를 위한 다양한 프로그램을 운영하고 있습니다.

　단점은 이곳이 오피스텔이기 때문에 전용률이 41%로 낮아 실내공간이 좁다는 점입니다. 또한, 아파트에 비해 상대적으로 비싼 관리비가 부담될 수도 있습니다.

■ 경기 북부 지역

경기 북부 지역에서 일산은 1기 신도시로 인프라가 잘 갖춰져 있습니다. 특히 일산은 공원과 도서관이 많은 편입니다. 그 가운데서 대화동 아파트 단지는 대화역에서도 가깝고 노인복지관이나 도서관, 병원의 접근성도 좋아서 어르신들에게 추천할 만한 노후 주거지라고 생각됩니다.

| 꿈의 실버하우스 개요(성저마을 5단지 건영아파트) |

2023년 6월 1일 기준

명칭	경기도 고양시 대화동 성저마을 5단지 건영아파트
주소	경기도 고양시 일산서구 성저로 9(대화동 2095)
개요	184세대(22평 64세대, 30평 120세대), 1996년 완공(27년 차) 4층 9개 동, 주차대수 1.05대, 지역난방(열병합)
가격	22평 실거래가 평균 4억 0,500만 원(2023년 6월 1일 기준)
관리비 및 세금	관리비 17만 원, 재산세 25만 원, 전용률 82%
주택연금	121만 원(70세, 종신정액형)

    일산에서 꿈의 실버하우스로 '성저마을 5단지 건영아파트'를 추천합니다. 이곳은 지상에 차가 없고 상업지역과 떨어져 있어 주변이 매우 조용합니다. 4층 아파트이다 보니 펜션에 온 듯한 힐링 분위기가 연출되기도 합니다. 또한, 길 건너에 하나로마트, 화훼공판장, 식자재마트 등이 있어 생활이 편리합니다. 대화역까지 약 600m로 도보로 지하철 이용이 가능하며, 경찰서, 소방서, 구청 등도 인근에 위치하고 있습니다. 노년 생활에 필수인 큰 규모의 노인복지관, 도서관도 주위에 있으며, 인제대 백병원에 가기에도 불편함이 없습니다.

건강하고 행복한 노후의 집

다만, 상대적으로 세대 수가 적고 아파트 연수가 있다 보니 층간소음이 있는 편입니다. 또한, 장점이자 단점이 될 수도 있는데, 저층이고 용적률이 낮다 보니 재건축 가능성이 높습니다. 따라서 매매가 잘 이루어지지 않으므로 전세나 월세를 고려하는 것도 괜찮을 것 같습니다. 현재 전세는 최고 2억 5,000만 원이며 월세는 보증금 2,000만 원에 월 70~75만 원 수준입니다.

| 꿈의 실버하우스 개요(파주 뜨란채 5단지 아파트) |

2023년 6월 1일 기준

명칭	경기도 파주시 금촌동 쇠재마을 뜨란채 5단지 아파트
주소	경기도 파주시 쇠재로 1133(금촌동 1003)
개요	1,402세대(24평-1,391세대, 20평-11세대), 2004년 완공(19년 차) 16개 동(15층, 23층), 주차(세대 당 0.82대), 개별난방(도시가스)
가격	24평 실거래가 평균 2억 2,533만 원(2023년 6월 1일 기준)
관리비 및 세금	관리비 15만 원, 재산세 22만 원, 전용률 73%
주택연금	67만 원(70세, 종신정액형)

많은 사람들이 파주라고 하면 운정 신도시를 떠올립니다. 운정 신도시도 노후 생활에 있어 뛰어난 입지 조건을 갖췄지만, 공빠는 이곳보다는 파주 금릉역의 금촌동을 더 추천합니다. 파주 금촌동은 운정 신도시처럼 정비가 잘되어 있습니다. 구석구석 작은 공원들이 있고 노인복지관, 도서관, 공공 운동시설이 잘 만들어져 있어

생활하기에 좋습니다. 그리고 파주 의료원과 파주경찰서가 멀지 않아 여러모로 안전하고 어르신들이 살기에 괜찮은 곳입니다.

파주 금촌동의 '쇠재마을 뜨란채 5단지' 아파트를 소개해 드립니다. 이곳은 아파트 단지 길 건너에 파주경찰서와 금촌119 안전센터가 있으며, 경기도 의료원 파주병원이 도보로 10분 거리에 있습니다. 중앙도서관은 물론 큰 규모의 노인복지관도 도보로 갈 수 있습니다. 근처에는 작은 공원이 조성되어 휴식 공간을 제공하며, 지역 주민들의 만족도가 높은 대하 식자재마트가 있어 장보기에도 편리합니다. 교통 입지 역시 좋은데, 걸어서 13분 거리에 경의중앙선 금릉역이 있으며, 향후 3호선 연장이 예정되어 있고 서울로 가는 광역버스도 많은 편입니다. 근처에 파주 스타디움도 있는데, 2022년 6월에 다목적 실내체육관이 들어서 각종 운동시설은 물론 수영장까지 있습니다.

단점으로는 주차 공간이 부족한 점을 꼽을 수 있습니다. 세대당 0.82대이기 때문에 주차에 불편을 느낄 수도 있으며, 주민들에 따르면 층간 소음도 어느 정도 감안해야 합니다.

▪ 강원도 지역

강원도는 노후를 보내기에 참 좋은 곳입니다. 맑고 아름다운 동해안은 물론, 설악산과 오대산 등 태백산맥 줄기를 따라 명산 주변으로 볼거리, 즐길 거리, 먹거리가 가득합니다. 그중에서 속초는 어느 곳에서든 고개만 들면 울산 바위와 설악산이 보이며, 속초 시내의 청초호와 영랑호 주변도 너무 아름답습니다.

속초에서 꿈의 실버하우스로 '청초 대우아파트'를 추천합니다. 이곳은 아파트 주변에 노인복지관, 실내체육관, 교육도서관, 종합병원인 속초보광병원, 청초호 호수공원 등 노후 생활에 꼭 필요한 시설들이 골고루 모여 있습니다. 특히, 청초호 호수공원은 대우아파트에서 걸어서 10분 거리에 있기에 아름다운 호수를 마음껏 즐길 수 있습니다. 주변 교통이 좋고 아파트 구조도 비교적 괜찮다는 평가가 많습니다. 단지 전체가 남향이라 여름에는 시원하고 겨울에는 따뜻하며, 동 간 거리가 넓어서 쾌적합니다. 주변에는 먹거리촌이 바로 옆에 있어 외식하기에 좋으며, 초중고가 가깝고 학원이 많아 아이들을 키우기에도 좋은 환경입니다.

단점은 상대적으로 주차대수가 적다는 점입니다. 다만 주차가 불편한 몇 개의 동만 피하면 전반적으로 나쁘지는 않습니다. 아무래도 20년이 넘은 아파트다 보니 층간 소음은 조금 있는 편입니다.

| 꿈의 실버하우스 개요(청초 대우아파트) |

2023년 6월 1일 기준

명칭	강원도 속초시 교동 청초 대우아파트
주소	강원도 속초시 동해대로 4271(교동 961)
개요	535세대(23평 180세대, 26평 90세대, 31평 118세대, 32평 147세대),1998년 완공(25년 차), 7개 동(14/15층), 개별난방(도시가스)
가격	23평 실거래가 평균 1억 8,350만 원(2023년 6월 1일 기준)
관리비 및 세금	관리비 14만 원, 재산세 11만 원, 전용률 77%
주택연금	55만 원(70세, 종신정액형)

건강하고 행복한 노후의 집

다음으로 강원도 지역에서 꿈의 실버하우스로 추천하는 곳은 평창군 대관령면입니다. 이곳은 평창 동계올림픽이 개최된 곳으로 대관령 전체가 이전보다 잘 정비되어 있습니다. 동계올림픽 이후에 선수촌으로 썼던 곳들이 아파트로 되어 대관령면 소재지에도 아파트와 오피스텔이 의외로 많은 편입니다. 대관령면 높이는 700m가 넘는데, 이 높이가 인간이 가장 행복을 느끼는 높이라고 합니다. 이곳은 힐링하기에도 좋고 휴양하기에도 좋습니다. 겨울에는 젊은 사람들이 스키, 보드와 같은 겨울 스포츠를 즐기기 위해 몰려들어 북적거리며, 여름은 상대적으로 한가한 편입니다. 어르신들이 더운 여름을 평창군 대관령면에서 보내면 좋을 것 같다는 생각이 듭니다.

| 꿈의 실버하우스 개요(알펜로제 아파트) |

2023년 6월 1일 기준

명칭	강원도 평창군 대관령면 알펜로제 아파트
주소	강원도 평창군 대관령로 187(횡계리 283)
개요	286세대(21평 196세대, 25평 68세대, 33평 22세대), 2007년 완공(16년 차), 6개 동(6/12층), 개별난방(도시가스)
가격	21평 실거래가 평균 1억 6,500만 원(2023년 6월 1일 기준)
관리비 및 세금	관리비 15만 원, 재산세 9만 원, 전용률 76%
주택연금	49만 원(70세, 종신정액형)

평창의 꿈의 실버하우스로 '알펜로제 아파트'를 추천합니다. 평창에서 비교적 정비가 잘된 아파트이기도 하고, 대관령면 시내와 시외버스터미널까지 도보로 이동이 가능한 장점도 있습니다. 단지가 조용하고 주차 공간도 충분합니다. 주변 풍경도 매우 이국적이고 특히 설경이 무엇보다 멋진 곳입니다. 군 지역이라 타 도시에 비해 편의시설 등은 부족하지만, 상쾌한 공기를 마시며 노년 생활을 보내기에는 더할 나위 없이 좋은 곳입니다. 알펜로제 아파트가 위치한 대관령면은 높이가 750m 이상으로 여름철 피서를 하기에도 안성맞춤입니다.

단점은 주변 상업시설이 부족하고 약간은 외진 입지라는 점입니다. 그러나 평창이 힐링 휴양지라는 점을 감안하면 어느 정도의 단점은 극복 가능할 것도 같습니다.

건강하고 행복한 노후의 집

4

지혜로운 선택,
'공공임대주택'

노후에 살 집 4가지 중 마지막 유형인 '공공임대주택'은 재산이 3억 6,000만 원 이하인 시니어에게 적극 추천하는 실버하우스입니다. 앞서 살펴본 경제적으로 어려우신 어르신께 추천한 고령자 복지주택처럼 공공임대주택도 자산 보유액이 적은 사람들에게 추천할 만한 주택이라 공빠네는 이를 '고령자 추천주택'이라는 이름으로 부릅니다.

앞서 이야기했듯이 우리나라의 전체 가구 중 55.7%가 3억 원 미만의 순자산을 보유하고 있고, 고령 가구의 주거 특성을 보면 약 75.7%가 자가에 거주하고 아파트에 사는 비중이 높다고 했습니다. 고령 가구의 주거 특성을 순자산과 연계해 생각해 보면, 통계에 속한 어르신들이 보유하고 있는 자산 대부분이 주택에 들어가 있다는 말입니다. 또 60세 이상 연령대의 가구는 자산 중 실물자산이 약 83%로 비상금 외에 쓸 수 있는 금융자산이 적다는 점도 아쉬운 점이라고 했습니다. 물론 경제적으로 넉넉하다면 자가를 소유하면서 노후 생활을 보내도 상관없겠지만, 대부분의 어르신들, 특히 재산이 3억 6,000만 원 이하의 시니어들에게는 공공임대주택도 충분히 좋은 고려 대상이라고 봅니다.

사실 공공임대주택은 젊은 세대에게는 크게 추천하지는 않습니다. 저렴한 주택 가격과 자산 규모 제한으로 인해 저축할 의욕이 줄어들 수 있기 때문입니다. 하지만 시니어 세대는 상황이 다릅니다. 은퇴를 준비하고 건강을 생각하며 모았던 자산을 자신의 행복을 위해 사용하기 위해서는 실물자산의 규모를 줄일 필요가 있는 것이죠. 기대수명이 늘어나면서 75세 이후 약 20년 이상 노후 생활을 보내야 한다는 점을 감안했을 때, 생활비에서 주거비용은 크게 줄이고 아껴야 합니다. 이러한 이유들로 공빠는 시니어 세대에게 노후에 살 집으로 공공임대주택을 추천하고 있습니다.

공공임대주택은 '영구임대', '매입임대', '국민임대', '행복주택' 등 크게 4가지 종류가 있는데요. 원 그래프를 보면 영구임대에서 행복주택으로 갈수록 범위가 넘어지는 것을 확인할 수 있는데, 범위가 넓어진다는 것은 그만큼 많은 사람들이 신청할 수 있다는 것이고 바깥으로 갈수록 신청할 수 있는 폭이 넓어집니다. 반대로 안쪽으로 갈수록 대상자에게 더 큰 혜택을 제공하는 주택으로 볼 수 있기에 자신의 자산 규모와 신청 가능 여부를 확인해 적절한 종류의 임대주택을 선택해야 합니다.

공공임대주택의 입주 자격은?

공공임대주택 공통 입주 자격			
성년	무주택	소득 기준	자산 기준
19세 이상이나 요건을 갖춘 미성년자	세대원 전원이 주택 또는 분양권이 없어야	월평균 가구 소득	총자산 및 자동차

공공임대주택의 공통 입주 자격은 먼저 19세 이상 성년이거나 요건을 갖춘 미성년자입니다. 다음으로 세대원 전체가 주택이나 분양권이 없는 무주택자여야 하는데요. 여기에서는 세대원 전체라는 조건이 중요합니다. 그래서 공공임대주택에 입주하고자 한다면 자녀가 주택 소유자인 경우, 세대 분리를 통해 조건을 만족해야 합니다. 소득 기준은 가구원 수당 월 평균 가구 소득으로 계산하고, 자산 기준은 가지고 있는 총자산으로 계산합니다.

모든 시니어는 당연히 성년이라는 자격은 만족하고, 많은 분이 경제적으로 어렵기 때문에 소득과 자산 기준을 충족할 겁니다. 그런데 공통 조건 중에 걸리는 부분이 바로 무주택 자격인데요, 이는 앞서 통계 수치로 봤듯이 고령 가구의 75.7%가 자가에 거주하고 있기 때문입니다.

| 2023년 변경된 소득 기준액 |

    2023년 소득 기준액을 보면 1인 기준으로 행복주택은 402만 원 이하, 국민임대는 301만 원 이하, 영구임대는 234만 원 이하입니다. 월평균 소득이 이 금액이라는 의미인데요, 사실 월 234만 원의 소득도 굉장히 큰 편입니다. 이 정도의 월 소득이 있다면 일반 실버타운도 충분히 입주할 수 있습니다. 그만큼 공공임대주택의 소득 기준액의 범위가 넓기에 관심이 있다면 꼭 알아보기를 추천하는 겁니다.

| 2023년 변경된 자산 기준액 |

다음으로 2023년도 자산 기준액을 보겠습니다. 행복주택과 국민임대는 3억 6,100만 원 이하, 영구임대와 매입임대는 2억 5,500만 원 이하입니다. 공빠네가 자산이 3억 6,000만 원 이하인 어르신들께 공공임대주택을 추천한 이유가 가장 기준액이 높은 행복주택이 그 정도 수준이기 때문입니다. 아마 대부분의 어르신들이 자산 기준액 조건에 해당될 것이라 생각합니다. 행복주택과 국민임대, 영구임대에 대한 더 구체적인 조건을 알아보겠습니다.

| 공공임대 소득과 자산 기준(2023년도) |

명칭	행복주택	국민임대	영구임대
소득 기준(1인)	402만 원	301만 원	234만 원
자산 기준	3억 6,100만 원	3억 6,100만 원	2억 5,500만 원
자동차 기준	3,683만 원	3,683만 원	3,683만 원
거주지 기준	제한 없음	제한 없음 (거주지 1순위)	제한이 많음

2022년보다 2023년도가 되면서 입주 신청기준이 대폭 완화되었습니다. 완화된 이유로는 물가상승률 반영도 있겠지만, 이렇게 기준을 낮춰도 공공임대주택의 입주가 잘 이뤄지지 않고 있기 때문입니다. 실제 미달이 굉장히 많이 나는 상황입니다.

거주지 기준도 행복주택의 경우에는 제한이 없습니다. 내가 어디에 살건 행복주택을 신청할 때 전혀 상관없다는 뜻입니다. 국민임대는 거주민에게 1순위 우선권을 부여하지만, 그래도 미달이 많기에 거주지가 사실 큰 상관은 없습니다. 그리고 영구임대와 매입임대는 거주자만 신청이 가능합니다. 여기서 중요한 것은 고령자복지주택은 영구임대로 뽑더라도 거주지 제한이 없는 경우가 많다는 점입니다. 이러한 점을 고려하면서 고령자복지주택을 준비하는 것도 하나의 방법입니다.

대부분의 공공임대주택은 '마이홈' 포털에 공고문이 올라옵니다. 마이홈에서 공고문을 확인하고 공고에 맞춰서 신청하는 것이죠. 2023년 5월 28일 기준 전체 모집 공고문은 1만 3,069건입니다. 그중 모집 중인 곳은 136건이고, 나머지는 모집 완료되었습니다.

공고문으로 모집하는 주택의 종류와 유형, 전용면적을 알아보면 공공임대주택을 이해하는 데 도움이 될 겁니다. 먼저 주택 유형을 보면 아파트 1만 390건, 다가구 1,968건, 다세대 395건, 오피스텔 75건, 연립 13건, 단독 1건입니다. 아파트의 비중이 79.5%이고, 다가구는 15.1%로, 2가지 유형이 94.6%입니다. 즉 공공임대주택은 아파트와 다가구주택으로 주로 공급되고 있습니다.

전용면적으로 보면 $40m^2$ 미만이 7,408건, $40{\sim}60m^2$는 7,036건, $60{\sim}85m^2$는 1,003건, $85m^2$ 이상은 53건으로 $40m^2$ 미만과 $40{\sim}60m^2$ 사이의 전용면적이 주류를 이루고 있습니다. 공고문 1개에 여러 전용면적을 모집하므로 합산하면 수치가 전체 공고 수치를 넘습니다.

임대 종류별로 보면 총 12가지로 모집하고 있습니다. 그중 가장 많이 모집하는 것은 국민임대인데, 5,206건으로 전체의 39.8%를 차지합니다. 그다음으로 매입임대 2,532건과 영구임대 996건으로

2가지를 합하면 3,519건 26.9%를 차지합니다. 요즘 많이 공급하는 유형인 행복주택은 1,922건으로 14.7%를 차지합니다. 이 4가지 유형이 전체의 81.4%로 최근 주로 공급하고 있는 임대주택입니다.

10년 임대는 1,464건, 50년 임대는 517건, 전세형 모집 공고 405건, 전세 임대 227건, 5년 임대 80건, 장기전세 72건, 공공지원 민간임대주택 51건, 통합 공공임대 2건입니다. 10년 임대는 전체의 11.2%로 비교적 많은 편이지만, 10년 동안 임대로 거주하고 분양 전환하는 주택으로 저소득 고령자들에게는 추천할 만하지 않습니다. 50년 임대는 오래전 공급한 주택으로 요즘 모집이 활발하지 않고, 나머지 6가지 종류의 임대주택은 공급하는 곳이 많지 않습니다.

가장 활발하게 공급하고 있는 국민임대, 영구임대, 매입임대, 행복주택 등 4가지 임대주택을 좀 더 자세하게 알아보겠습니다.

■ 국민임대

국민임대주택이란 국가나 지방자치단체의 재정이나 주택도시기금의 자금을 지원받아 저소득 서민의 주거 안정을 위하여 30년 이상 장기간 임대를 목적으로 공급하는 공공임대주택입니다. 무주택 서민에게 10~20평형대 아파트로 공급되며, 신도시 등 택지지구에서도 공급됩니다. 신청 자격은 입주자 모집 공고일 현재 성년자인 무주택세대 구성원으로 해마다 정해진 일정한 소득, 자산 보유 기준에 맞아야 하고, 기타 법에 정한 요건 충족 및 입주 자격 제한(불법양도·전대)에 해당하지 않는 자입니다. 소득 기준은 1인 가구 월평균 301만 원 이하, 2인 가구 400만 원 이하이고, 자산 기준은 총자산 3억 6,100만 원 이하, 자동차 3,683만 원 이하입니다.

순위별로 먼저 선정하게 되는데 전용면적 50㎡ 이하는 국민임대주택 건설지역에 거주하는 사람이 1순위, 주변 지자체에 사는 사람이 2순위, 나머지 다른 지역에 사는 사람이 3순위입니다. 같은 순위 내에서는 배점을 합산하여 높은 사람이 뽑히게 됩니다. 배점 항목은 해당 주택 건설지역 계속거주기간, 주택청약종합저축 납입 횟수, 미성년 자녀 수, 신혼부부 또는 예비신혼부부, 부모 자녀 간 육아 지원세대, 사회취약계층, 국민임대주택에 과거 계약 사실 여부 등이고, 이것들을 점수를 매기고 합산합니다. 배점이 같을 경우에는 추첨하게 됩니다.

국민임대주택은 주변 시세의 50% 정도의 저렴한 임대료로 30년간 안정적으로 살 수 있습니다. 신도시에 많이 건설되고 있어 거주 여건도 좋습니다. 1순위와 2순위가 미달일 경우 다른 지역에 사는 사람도 지원할 수 있으므로, 거주지 제한이 완화된 장점이 있습니다.

▪ 영구임대

영구임대주택이란 국가나 지방자치단체의 재정을 지원받아 최저소득계층의 주거 안정을 위하여 50년 이상 또는 영구적인 임대를 목적으로 공급하는 공공임대주택입니다.

영구임대는 최저소득계층을 위하여 만들어진 공공임대주택으로 가장 우선적으로 국민기초생활보장법상의 생계급여수급자 또는 의료급여수급자를 뽑습니다. 그다음 국가유공자 등으로 선정 기준에 맞는 사람과 만 65세 이상 수급권자나 차상위계층에 해당하는 사람을 선정합니다. 2순위로 월평균 소득이 전년도 도시근로자 가구원수별 월평균 소득 50% 이하인 자로서 영구임대주택의 자산 요건을 충족하는 사람을 뽑게 됩니다.

소득 기준은 1인 가구 월평균 234만 원 이하, 2인 가구 300만 원 이하이고, 영구임대주택의 자산 기준은 총자산 2억 5,500만 원 이하, 자동차 3,683만 원 이하입니다.

영구임대의 경우 주변 시세의 30% 정도의 월 임대료로 생활할 수 있고, 50년 이상 평생 거주가 가능한 장점이 있습니다. 혜택이 큰 만큼 제약조건이 있는데요. 대부분 영구임대주택이 건설되는 곳에 주민등록이 되어 있는 성년자가 신청할 수 있습니다. 즉 살고 있는 거주지에만 신청할 수 있다는 말이죠.

하지만 최근에는 모집미달로 공실이 생기는 고령자복지주택은

영구임대주택으로 공급되지만, 신청자의 거주지를 제한하지 않고
뽑는 곳이 많아지고 있습니다.

▪ 매입임대

　매입임대주택이란 국가나 지방자치단체의 재정이나 주택도시
기금의 자금을 지원받아 기존 주택을 매입하여 국민기초생활보장
수급자 등에게 공급하는 공공임대주택입니다. 주로 도심의 원룸,
빌라 등 다가구 주택을 매입하여 깨끗하게 수선한 다음 저렴한 월
임대료로 공급합니다.

　신청 자격과 모집 기준은 영구임대주택과 거의 비슷합니다. 매
입임대의 경우에도 주변 시세의 30% 정도의 월 임대료로 생활할
수 있고, 20년 거주가 가능하고, 65세 이상 고령자의 경우 평생 거
주가 가능하다는 장점이 있습니다. 혜택이 큰 만큼 제약조건이 있
는데요. 매입임대주택이 건설되는 곳에 주민등록이 되어 있어야
신청할 수 있습니다.

　주거 여건이 취약한 저소득 계층에게 입지 여건이 좋은 새 아파
트를 공급해도, 그동안 살던 곳이 익숙하고 편안하기 때문에 이동
하지 않으려는 경향이 있습니다. 정부에서는 이런 경향을 반영하
여 살던 곳에서 안정적으로 저렴하게 살 수 있도록 맞춤식 공공임

대주택으로 공급하는 것입니다.

행복주택

행복주택이란 국가나 지방자치단체의 재정이나 주택도시기금의 자금을 지원받아 대학생, 사회초년생, 신혼부부 등 젊은 층의 주거 안정을 목적으로 공급하는 공공임대주택입니다. 이 행복주택에는 만 65세 이상의 고령자 계층과 주거급여수급자들도 함께 뽑습니다.

고령자 계층의 신청 자격은 입주자 모집 공고일 현재 만 65세 이상 무주택세대 구성원으로 해마다 정해진 일정한 소득, 자산 보유 기준에 맞아야 합니다.

소득 기준은 1인 가구 월평균 402만 원 이하, 2인 가구 550만 원 이하이고, 자산 기준은 총자산 3억 6,100만 원 이하, 자동차 3,683만 원 이하입니다.

해당 기준에 맞아서 신청 자격을 갖추면 추첨으로 선정합니다. 행복주택의 장점은 거주지 제한이 없다는 것입니다. 살고 있는 지역에 상관없이 공급되는 행복주택이 마음에 들면 신청할 수 있습니다. 고령자들은 20년 거주가 가능하고, 주변 시세의 60~80%의 저렴한 임대료로 살게 됩니다. 젊은 층과 함께 생활하고 교통 여건이 좋은 곳에 새 아파트로 공급됩니다.

요즘은 영구임대, 국민임대, 행복주택을 한 단지에 함께 짓는 혼합단지로 공공임대주택을 건설합니다. 거주 여건이 좋은 신도시에 다양한 연령대가 어우러져 사는 공공임대주택은 고령자들이 노후에 살 집으로 괜찮습니다.

고령자복지주택은 복지 서비스와 주거 서비스를 한곳에서 받을 수 있는 곳으로 가장 추천하는 공공임대주택입니다. 고령자복지주택 사업 시행 초기에는 영구임대 기준으로만 모집했는데, 2022년부터 국민임대 기준으로도 뽑기 시작했고 앞으로 행복주택 기준으로까지 확장될 것입니다. 2023년 9월에 입주 예정인 충청남도 청양군 교월 고령자복지주택은 같은 지구 내에 국민임대, 영구임대, 행복주택을 함께 공급합니다. 이렇게 만들어지면 고령자복지주택의 복지관을 함께 이용할 수 있어서 건강하고 활기찬 노후를 보내기에 좋습니다. 다른 곳들도 이렇게 만들어지기를 희망합니다.

건강하고 행복한 노후의 집

공빠네는 국민임대를 가장 선호하고 어르신에게 적극적으로 추천하고 있는데요. 국민임대는 거주지 제한 없이 신청할 수 있다는 장점도 있지만, 저렴한 임대료가 가장 큰 매력이라고 할 수 있습니다. 국민임대주택은 주변 시세의 50% 정도로 굉장히 저렴한 임대료를 형성합니다. 그리고 신도시가 만들어지는 경우, 거의 대부분 국민임대주택을 함께 만들기 때문에 신도시에 입주해 좋은 인프라를 누릴 수도 있죠. 또 최대 30년간 거주가 가능한 것도 굉장히 큰 장점입니다. 만약 70세에 입주했다면 100세까지 안정적으로 평생 살 수 있다는 말입니다.

노후에 전원생활을 즐기고 싶다면 거주지 제한이 없는 공공임대주택을 신청해서 공기 좋고 물 좋은 강원도나 시골 중소도시에서 살아보는 것도 좋습니다. 또한, 꼭 부부가 함께 살고 싶지 않다면 황혼이혼을 하기보다는 1명은 공공임대주택을 신청해서 독립생활을 이어가는 것도 좋은 방법일 겁니다.

사람들과 이야기하다 보면 공공임대주택에 대한 선입견이 상당히 많은 것을 알 수 있는데요. 건강하고 안정적인 노후 생활을 위해서라면 그러한 선입견을 버리고 자신의 상황에 맞게 지혜로운 선택을 하시길 바랍니다. 노후와 마찬가지로 주거에 대한 계획은 미리미리 준비하는 것이 자신과 자녀를 위해서라도 좋은 일입니다. 자신의 상황과 재정 상태를 살펴보고 현명한 노후를 준비했으면 합니다.

유쾌
상쾌

실버 인터뷰
Silver Interview

②

실버타운에서
제2의 인생을 시작한
시니어

 내 나이 85세, 나를 사랑하는 시간을 만들어 가는 시니어

"아침이면 창문을 열고 늘 먼 산을 바라보고 기도합니다. 저를 편히 살아갈 수 있도록 인도해 주신 것에 감사하다고요"

청심빌리지 한남해자 어머님(85세)

Q 실버타운 입주 계기가 있으신가요?

A 남편이 작년 7월에 하늘나라로 떠났어요. 사별하기 전에 제가 남편 간병하느라 2년 동안 엄청 많은 고생을 했어요. 고생한 탓인지 왼쪽 눈에 대상포진이 왔고 심장병까지 걸

려서 강원대학병원에 입원하게 되었습니다. 남편은 한림대학병원에 입원했고, 상당히 힘든 시간을 보냈고 7월에 남편은 먼 나라로 가게 되었습니다. 그런데 그 후에 3개월을 집에서 혼자서 지냈는데 도저히 혼자서는 밥을 못 먹겠더라고요. 그래서 딸들 집에 잠시 있다가 청심빌리지로 입주하게 되었습니다.

Q 자녀와 함께 살지 않은 이유는 뭔가요?

A 서울에 사는 딸들 집에서 한 달씩 두 달 지냈는데, 마음이 그리 편치는 않았어요. 자기들끼리 하는 얘기라도 거실에서 조금 큰소리가 나면 '아 쟤네가 나를 잘 모신다고 힘이 들어서 그러는가' 하는 생각도 들고, 괜히 눈치를 보게 되더라고요. 그래서 이 길은 아니라는 생각에 큰딸한테 실버타운을 좀 알아보라고 했어요.

Q 왜 청심빌리지를 선택하셨나요?

A 몇 군데를 찾아봤는데, 청심빌리지가 제일 좋을 것 같았습

니다. 우선 공기가 좋고 경관이 수려하고 호수도 있어서요. 그래서 딸이랑 여기에 답사를 왔어요. 답사하고 얼마 지나지 않아 새해 들어서 바로 입주하게 되었습니다. 여기 들어오니까 마음이 너무 편하고 방도 호텔식으로 너무 좋고, 경관도 아름다워서 매우 만족합니다.

Q 어떻게 하루를 보내시나요?

A 저는 앞으로 살아갈 날이 얼마 남지 않았다는 생각으로 시간을 아껴 쓰면서 더 바쁘게 보내야겠다고 다짐했어요. 스스로 스케줄을 짜서 노래도 부르고 녹음도 하고, 밖에서 사진도 찍고, 또 방에 와서는 수필을 쓰고 있습니다. 1권은 냈고 지금 2권은 완성 단계에 있어요. 예쁜 구름 사진도 찍어서 여기 카페에 걸어두었고, 바다나 산에 가서 유리조각이나 솔방울을 주워서 예쁜 새도 만들고. 바쁘게 하루하루를 보내고 있습니다. 아, 그리고 여기 자연이 너무 아름다워서 제가 시도 썼어요.

Q **하시고 싶은 말씀이 있다면**

A 제가 84살까지 많은 고생을 했는데, 이제 이렇게 늦은 나이라도 제 시간을 찾을 수 있어서 정말 행복합니다. 나를 사랑하면서 여생을 보내야겠다는 생각이 들었고요. 아무래도 하늘이 저를 이쪽으로 인도하신 것 같아요. 그래서 항상 고맙게 생각하고 아침에 창문을 열고 늘 먼 산을 바라보며 기도합니다. 이제라도 이렇게 좀 편히 살다가 갈 수 있도록 인도해 주신 것에 감사하다고요.

실버타운에서 발견한 나만의 슬기로운 취미생활

"친구들 만나면 얘기합니다. '이제 마누라 고생 그만 시키고 여기 와서 살아라. 재미있다'라고요. 여기 오면 새로운 친구도 많고 마음 맞는 사람들과 만나서 대화하다 보면 외롭지 않습니다. 걱정 없이 건강하고 재미있게 살 수 있는 곳입니다"

노블레스타워 김상호 아버님(79세)

Q 이곳은 어떻게 알고 들어오셨나요?

A 처형 부부가 노블레스타워에 살고 있는데, 제 집사람이 건강이 안 좋으니까 제가 식사 준비도 하고 살림하는 걸 보고 딱하게 여겼는지 여기로 추천해 주셨어요. 처음에는 펄쩍 뛰었죠. 내 나이 71살인데, 무슨 실버타운에 들어가냐고요. 그런데 자꾸 얘기하시기도 하고, 집사람도 남편 밥도 못 해주고 살림도 내가 다 하다 보니 미안한지 자꾸 들어가자고 했어요. 그래서 고민하다가 들어오게 되었어요.

건강하고 행복한 노후의 집

Q 들어오시고 어머님 건강은 좋아지셨어요?

A 네, 40년 전에 집사람이 위암 수술을 해서 많이 말랐었는데 여기 들어와서는 체중도 늘었어요. 일단 마음이 정말 편하고 식사도 제대로 할 수 있으니까요. 그런데 어느 날 제 가방을 치운다고 들다가 허리를 다쳐서 척추 수술을 했는데 등이 굽어버렸어요. 그래도 생활하는 데 큰 지장 없고 자기 발로 화장실도 갈 수 있고 식사하러 갈 수도 있으니까 다행이라고 생각하고 있습니다.

Q 실버타운 생활하는 부모님을 보고
자녀들의 반응은 어떤가요?

A 일단 걱정을 덜 하게 되죠. 여기서 생활하면 모든 것이 해결되니 둘이 살 때보다는 확실히 걱정을 덜 하는 것 같습니다.

Q 입주 전후를 비교했을 때 생활비는 어느 정도 되나요?

A 일반 아파트에 살 때 집사람하고 나하고 해서 230만 원 정

도 들었는데, 여기서 생활할 때랑 비교해도 큰 차이는 없어요. 그런데 실버타운은 식사도 제공해 주고 모든 시설이 잘 갖춰져 있으니까 큰 불편함 없이 지낼 수 있고. 어떻게 보면 그런 면에서는 잘된 거라고 생각해요.

Q **취미생활은 즐기고 계신가요?**

A 사실 직장생활을 하다 보면 승진에 애쓰고 가족 먹여 살려야 하니 취미생활을 할 수가 없잖아요. 내가 어떤 소양을 갖추고 내적인 미를 추구하는 등의 여유를 부릴 수가 없었는데, 여기 들어오니까 시간도 많고 프로그램도 많아서 다양한 걸 경험할 수 있었습니다. 특히 가곡 동호회를 들었는데, 처음엔 좀 낯설어했는데 지금은 너무 행복하게 즐기고 있습니다. 여기서 배운 걸로 성북구립실버합창단 오디션을 봤는데, 덜컥 합격해서 요즘에는 구청에 일주일에 하루 이틀 나가서 연습도 하고 공연도 하고 있어요.

건강하고 행복한 노후의 집

Q 노래를 부르면 어떤 면에서 좋나요?

A 마음의 위안이 되고, 또 노래를 생활화하다 보니 사람이 즐거워져요. 노래하면 우울한 기분이 날아가 버리거든요. 가곡 동호회 시간이 늘 기다려질 정도예요.

Q 운동도 즐기시죠?

A 그렇죠. 여기 헬스 시설도 적극적으로 이용하고 등산도 하고 있어요. 운동을 거의 매일 하니까 몸과 마음이 건강해졌어요. 아침에 땀 흘려서 운동하고 사우나 가서 목욕하고 나면 기분이 상쾌하잖아요. 하루하루 기분 좋게 시작하는 거죠.

Q 아주 건강하고 즐겁게 생활하시는 것 같아요.

A 하하 재밌어요. 내가 젊어서 많은 노력을 했고 고생을 해서 이 정도의 안정된 생활을 할 수 있다는 생각도 들고, 돌아가신 어머님이 자식 위해 기도해 주신 덕분이 아닌가 하

는 생각도 들어요. '나는 행복한 사람이다, 성공한 사람이다' 이런 마음으로 살고 있습니다.

 새로운 삶, 새로운 활력을 누리는 부부 시니어

"실버타운을 공동생활이라고 불편하게 생각하는 사람들이 있는데, 전혀 그렇지 않아요. 우리가 여기에 6년간 살아보니 보통의 아파트랑 똑같고, 취미생활이나 프로그램을 이용할 때 공동생활을 해요. 여기서는 누구나 제2의 인생을 발견할 수 있어요"

노블레스타워 박창용 아버님(68세), 김지영 어머님(67세)

Q 일찍 실버타운에 들어오게 된 이유가 있나요?

A 아버님 전 교육 공무원으로 38년간 일했는데, 은퇴 후 제2의 삶을 실버타운에서 바로 시작했어요. 처음엔 실버타운에 들어갈 마음이 없었는데, 아내가 설득해서 제가 설득을 당해 들어오게 되었죠.

Q 입주하시니 어떠세요? 만족하시나요?

A 아버님 매우 좋습니다. 양질의 식사도 할 수 있고 온천이랑 사우나실이 있어서 좋고 또 수영장 시설도 매우 뛰어납니다. 제가 수영을 20년 했는데, 이렇게 깨끗한 물은 처음입니다. 주변 환경도 괜찮고 층마다 조각품들이 있어서 마음에 들어요.

어머님 살아볼수록 더 좋아져요. 6년째 생활하고 있는데, 아들들도 다 좋아하더라고요. 애들이 여기 오면 애들하고 수영도 하고 탁구도 치며 놀 수 있는 게 많으니 다들 만족스럽게 여기더라고요.

Q 하루는 어떻게 보내시나요?

A 아버님 실버타운에서 제2의 인생을 시작했습니다. 전국 단위로 컨설팅 활동을 하고, 또 대학에 들어가 공부하면서 지금은 여기 어르신들을 대상으로 스마트폰 활용 강의를 매일 하고 있습니다. 교수가 되어서 수업을 하고 있는 거죠. 또 입주민 중에서 가장 젊은 편이라 현재 노블레스타워 남자 대표를 맡고 있습니다.

어머님 코로나 때문에 못 했던 거 많이 하고 있어요. 동호회에 들어가서 여러 활동도 하고 종교생활도 하고 있으며 친구들도 만나고. 여기저기 다니면서 이것저것 배우고 있습니다. 어떤 사람들은 실버타운에 들어오면 외출을 못 하는 줄 아는데, 자유롭게 외출해서 친구도 만나고 취미활동도 할 수 있어요.

Q 실버타운으로 노블레스타워를 고르신 이유가 있나요?

A 여기는 교통이 매우 좋아서 자녀들이 방문하기 좋아요. 저희도 친구들 만나기도 편하고요. 특히 수영장 시설이 좋은데, 이만한 데가 없는 것 같아요. 여러 군데 방문해 봤는데 이곳이 제일 마음에 들었습니다.

Q 실버타운에서 생활한다고 말하면 주변의 반응은 어떤가요?

A 친구 중에서 오고 싶어 하는 사람들도 있어요. 하지만 여기에 바로 오고자 한다고 올 수 있는 곳은 아니잖아요. 여유가 있어야 하고 자녀 문제도 있고 부부도 화합이 되어야 하고요. 물론 예전에는 사회적인 인식이 실버타운이라

고 하면 병 생기면 가는 곳이라는 인식이 있었는데, 아직도 남아 있는 것 같긴 해요. 은퇴하고 바로 들어오니까 사람들이 혹시 배우자가 아프냐고 묻는 사람들도 있었어요.

Q **이곳에서의 생활을 이야기하면
사람들의 인식도 많이 바뀔 수 있을 것 같네요.**

A 네, 은퇴하면 부부가 24시간을 같이 있어야 하잖아요. 삼시 세끼에 간식까지 챙겨야 하고요. 일단 그런 것에서 해방되니 싸울 일이 거의 없어요. 실버타운에 들어오지 않았으면 싸웠을 거예요. 삼시 세끼를 어떻게 다 챙겨주냐고 하면서요. 하하.

Q **실버타운에서 가장 중요한 부분이 식사가 아닐까
생각을 하는데요, 여기 식사는 의무식 45식인데 어떤가요?**

A 너무 맛있고 만족스러워요. 집에서는 이렇게 해 먹지도 못하죠. 45식이니 되도록 의무식은 다 먹으려고 해요. 그리고 나머지는 외식도 하고 자율적으로 먹을 수 있어서 좋

습니다. 실버타운이 시내에 있다 보니까 그런 것도 가능한 것 같아요. 특히 여기 식사는 맛도 맛이지만, 가격에 비해 질이 정말 뛰어나고 안심하고 식사할 수 있어요.

Q   기억에 남는 에피소드가 있다면?

A   아버님 사우나에서 어떤 분이 쓰러지셔서 난생처음 인공호흡을 했어요. 119를 불러서 구급대원이 왔는데, 목욕탕에 옷 다 벗고 있는데 여자 두 분이 들어오셔서 당황스러웠던 기억이 있네요. 또 여기서 스마트폰 강의를 하는데, 무언가를 알려드리면 항상 또 물으러 오시는 어르신이 많아요. 10번을 가르쳐 주면 또 10번 물으러 오는 식이죠.

PART 3

행복한 노후 생활을 위한 목표 설계

노후에 건강하고 행복하기 위해서 가장 필요한 것이 무엇일까요? 돈이죠. 경제력이 있어야 먹고 싶은 것도 먹고, 하고 싶은 것도 하고 노후를 잘 보낼 수 있습니다. 그러면 돈이 있는 사람만 행복한 노후를 보내고, 돈이 없으면 불행한 노후를 보내는 것일까요? 그렇지는 않습니다. 돈이 많이 있든 돈이 부족하든 누구나 행복한 노후를 보내야 합니다. 돈이 없어도 행복할 수 있을까요? 조금만 관심을 가지고, 노후를 설계하고 실천하면 돈에 구애받지 않고 행복할 수 있습니다.

| 행복의 길 |

지족상락(知足常樂)

"지분지족지지, 지족상락"

노자의《도덕경》에 나오는 말입니다. 자신의 분수를 알고 지킬 줄 아는 것을 지분이라 하고 매사에 만족할 줄 아는 것을 지족이라 하며, 어떤 위치나 어떤 상황에서 멈출 줄 알고 그 자리에서 물러날 줄 아는 것을 지지라고 합니다. 그동안 살아온 삶을 인정하고 받아들입니다. 그리고 지금 현실에 만족하고 감사합니다. 그러면 항상 행복합니다. 돈이 있으면 있는 대로, 없으면 없는 대로 행복할 수 있다는 것입니다.

이렇게 만족하며 행복하게 살기 위해서 필요한 것이 3가지가 있습니다.

첫 번째는 공부해야 합니다.

두 번째는 몸을 건강하게 해야 합니다.

세 번째는 나를 둘러싼 관계를 잘 만들어야 합니다.

| 노후 행복을 위한 3가지 |

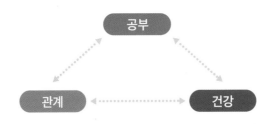

그렇다면 어떤 공부를 어떻게 해야 할까요?

또 몸은 어떻게 건강하게 만들 수 있을까요?

마지막으로 나를 둘러싼 관계는 어떻게 하면 좋을까요?

행복한 노후를 보내기 위한 3가지 목표를 좀 더 자세히 알아보겠습니다.

1

목표 1
'공부'

   공부는 책으로 하는 것이 가장 쉬운 방법입니다. 도서관에 쌓여 있는 다양한 분야의 책을 공부합니다. 분야는 제한이 없습니다. 궁금한 분야, 하고 싶은 일들, 당장 나에게 필요한 것들. 그중 건강에 관련된 책과 관계를 잘 만드는 노하우가 담긴 책들은 필수적으로 읽어야 합니다.

| 공부 |

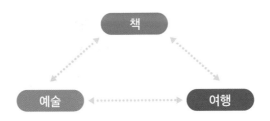

여행도 공부의 좋은 방법입니다. 평상시 살고 있는 익숙한 장소를 떠나서 새로운 곳에서 낯선 경험을 하는 것은 삶을 풍요롭게 하고, 치매 예방에도 도움이 됩니다. 멋진 장소로 떠나는 해외여행도 좋고, 국내 여행도 좋습니다. 돈이 별로 들지 않는 여행도 좋습니다. 전철을 타고 동쪽으로는 춘천, 서쪽으로는 인천, 남쪽으로는 천안까지 무료 여행도 괜찮습니다.

노후에는 예술을 주제로 공부하면 좋겠습니다. 많은 사람들이 평생 일만 하고 살아오다 놓친 부분 중 하나가 예술 분야입니다. 음악도 좋고 미술도 좋습니다. 글씨, 사진, 건축도 좋지요. 예술 관련 책들을 읽어도 좋고, 음악회와 전시회를 가서 직접 경험해 보는 것도 좋습니다. 잘 찾아보면 돈을 들이지 않고도 참여할 수 있는 곳들이 많습니다.

| 책 |

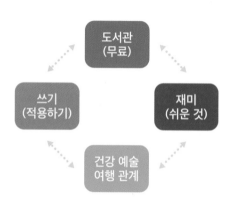

우리나라가 크게 발전한 것을 피부로 느낄 수 있는 곳이 도서관입니다. 지자체마다 도서관을 많이 만들어 운영하고 있습니다. 보고 싶은 책이 없을 때는 희망도서 구입을 신청하면 대부분 구입해서 볼 수 있도록 합니다. 요즘은 대부분의 지자체에서 가까운 서점을 통해 '서점 바로대출 서비스'를 하고 있습니다. 도서관에는 아직 들어오지 않은 최신간 책을 정하여 서점을 지정하고 신청하면, 서점에서 책을 준비하고 연락을 줍니다. 새 책을 2주간 잘 읽고, 빌린 서점에 반납하면 됩니다. 돈이 없어도 새 책을 맘껏 읽을 수 있는 것이죠.

책은 재미가 있어야 읽게 됩니다. 재미있는 책은 관심이 있는 분야이고, 어렵지 않고 쉬워야 합니다. 어린이들이 읽는 책, 그림책,

만화로 된 책도 좋습니다. 사진이 많이 담긴 에세이와 여행책도 좋습니다. 책을 읽다 보면 그 책을 통해서 궁금한 분야와 읽고 싶은 책이 생기게 됩니다. 이렇게 책 1권을 통해서 확장되어 나가는 것입니다. 독서를 통해 뇌에 지적 자극을 끊임없이 주면 치매도 막을 수 있습니다.

건강 관련 책들은 많이 볼수록 도움이 됩니다. 내 몸이 어떻게 구성되어 있고, 어떻게 움직이게 되는지, 또 병은 왜 걸리고 어떻게 치료하면 좋은지, 예방하는 방법은 무엇인지, 그중 특히 뇌는 어떻게 구성되고 생각과 마음은 어떤 식으로 나타나는지, 그리고 감정은 어떻게 조절할 수 있는지, 몸과 마음, 생각 그리고 감정을 토대로 나와 주변과의 관계를 어떻게 잘 할 수 있을지 등을 공부할 수 있습니다.

예술 분야도 다양합니다. 음악, 미술, 건축, 글씨, 전시, 사진 등등. 음악도 클래식, 팝송, 대중가요, 국악 등 정말 많은 분야가 있지요. 가장 기본적인 내용들은 책으로 정리가 잘되어 있습니다. 여행과 지리에 관련한 책들도 재미있습니다. 직접 가보지 않아도 간접적으로 다양한 것을 경험할 수 있죠. 특히 여행과 지리 관련 책들은 그림과 사진이 많아서 좋습니다.

책은 어떤 분야든 읽는 것만으로도 좋습니다. 하지만 책을 읽다가 감명 깊은 부분, 다시 보고 싶은 부분은 정리하여 옮겨 적어봅시다. 기억에도 남고 확실하게 내 것으로 만들 수 있습니다. 그런 것 중 우리 삶 속에 적용해 볼 만한 것들을 실행해 보면 더 좋습니다. 이렇게 책을 가까이하면 혼자 있어도 외롭지 않고, 삶이 풍요로워져요. 불면증 걱정 없고 우울할 틈도 없고, 치매 걸릴 염려도 없어집니다.

예술

| 예술 |

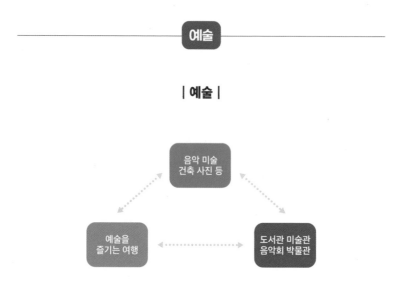

노후에 행복한 공부거리는 예술입니다. 예술에는 음악, 미술, 사진, 건축, 전시, 대중문화 등 다양한 장르가 포함되죠. 음악에는 클래식 음악, 팝송, 대중가요, 국악 등으로 분류할 수 있고, 미술을 비

롯한 다른 예술들도 마찬가지입니다.

김영균이 쓴《은퇴자의 예술 따라가기》를 보면 은퇴 이후 저자가 예술을 공부한 과정이 자세하게 나옵니다. 서예를 공부하다 중국의 문화예술 여행을 하고, 그 내용을 정리해 동양화와 서양화를 공부합니다. 우리나라에서 제일 오래된 그림과 글씨를 찾아서 탐방하고 인류문화의 발생지를 찾아 이집트를 방문하며, 러시아의 문화예술과 미국의 현대미술을 감상한 여행담을 정리합니다. 이렇게 예술을 책으로 공부하고 예술을 주제로 여행하면서 몸으로 체감할 수 있게 되는 것이죠.

예술을 지루하고 어렵다고 생각할 수도 있겠지만, 찾아보면 재미있게 공부할 방법은 많습니다. 조현영이 지은《조현영의 피아노 토크》는 우리 일상생활 가까이에 있는 클래식 음악을 잘 정리한 책입니다. 광고, 만화, 영화, 공간, 문학, 그림 속에 있는 클래식을 찾아서 듣고, 관련 이야기를 들려주죠. 또 김선현의《그림의 힘》이라는 책은 멋진 그림들을 놓고, 그 그림을 함께 이해하고 느껴볼 수 있도록 구성했습니다. 그림에 대한 사연도 설명되어 있으면서 그림을 통해서 나를 변화시키고 내면의 상처도 치유가 가능하다는 내용은 꽤 설득력이 있습니다. 그림은 심리적 안정을 줍니다. 이를 잘 활용하면 치매도 예방할 수 있을 겁니다. 즉, 그림을 매개로 치료도 가능하다는 말이죠.

피아니스트 권순훤은 《나는 클림트를 보면 베토벤이 들린다》를 통해서 그림과 음악이 함께 잘 어우러짐을 표현했습니다. 음악과 미술 그리고 문학이 주는 감동이 제각각이 아니라는 이야기지요. 우리가 그림과 음악에 대한 이해가 깊어질수록 그 감동은 더할 것입니다.

도서관에서 책으로 공부한 예술은 직접 체험해 봐야 합니다. 음악회에 참석하고 미술관과 박물관을 방문합니다. 무료입장이 가능한 공연과 전시회도 많습니다. 돈이 문제가 아니라 관심이 필요한 것이죠. 송용진의 《쏭내관의 재미있는 박물관 기행》을 보면 25곳의 박물관에 대한 설명과 함께, 서울에 있는 70곳의 주요 박물관을 소개하고 있습니다. 박물관을 주제로 한 여행도 재미있을 것 같습니다.

건강하고 행복한 노후의 집

| 여행 |

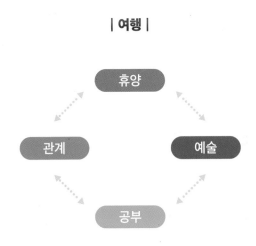

살던 곳에서만 계속 살면 지루하고 시간이 빨리 지나갑니다. 가끔 여행을 가서 기분전환도 하고, 새로운 자극을 뇌에 주어야 합니다. 치매 예방과 치료에 여행이 좋습니다. 새로운 곳에 적응하기 위해서는 뇌의 시냅스 회로가 활성화됩니다. 여행은 직접 체험을 통해서 우리가 하던 일을 더 발전시킬 수 있는 통찰력을 줍니다.

노후에 시니어들에게 추천하는 여행은 휴양할 수 있는 온천여행입니다. 몸을 따뜻하게 하고 긴장을 풀어주면서 부교감신경을 활성화하여 면역력을 높여줍니다. 유튜브 공빠TV 채널에서는 온천여행을 적극 추천하고, 설악산 오색온천, 동해 약천온천, 고창 석정온천 등을 소개했습니다. 홍천에 있는 힐리언스 선마을은 숲

속에서 걷기, 요가, 사우나, 명상을 통해서 몸과 마음의 쉼과 치료를 도와줍니다. 이런 곳들이 많아지기를 희망합니다.

예술을 테마로 한 여행은 시니어들에게 좋은 점이 많습니다. 여행을 통해 예술에 참여하면 시니어에게 정신적 자극을 제공하여 인지 건강을 증진하고 인지 감퇴를 예방할 수 있습니다. 미술 전시회, 박물관 및 유적지를 탐험하는 것은 정신에 도전하고, 기억력을 향상시키죠. 예술 여행은 시니어가 사회적으로 참여하고 비슷한 관심사를 공유하는 다른 사람들과 연결할 수 있는 기회가 됩니다. 고립감과 외로움에서 벗어날 수 있습니다. 여행을 통한 신체적 움직임은 심혈관 건강, 근력 및 유연성을 촉진하여 시니어의 전반적인 신체적 웰빙에 기여할 수 있습니다.

여행은 가족 관계를 회복하고 강화하는 역할을 할 수도 있습니다. 가족 여행은 경험과 추억을 공유할 기회를 줍니다. 새로운 목적지를 탐색하고, 함께 도전을 극복하면서 유대감을 강화하고 소중한 추억을 만들 수 있습니다. 바쁜 일상에서 가족 구성원들은 서로 소통할 시간이 부족할 수 있습니다. 여행은 가족만의 온전한 시간을 확보해 의미 있는 대화를 나눌 수 있게 해주며 서로를 깊이 이해할 수 있게 합니다. 여행만으로 모든 가족 문제를 해결할 수는 없지만, 좋은 변화의 계기를 만드는 것으로도 큰 도움이 됩니다.

지리쌤과 함께하는
우리나라
도시여행

전국지리교사모임 선생님들이 들려주는 대한민국 24개 도시의 지리와 역사, 문화 이야기

여행은 돈이 들지만, 큰돈이 들지 않아도 할 수 있는 여행이 있습니다. 서울시에서 발간한 도서《서울 테마 산책길》시리즈는 서울 도심에서 숲의 기운과 바람의 숨결을 느끼면서 산책할 수 있는 곳을 주제별로 잘 정리해 놓았습니다. 또한《서울문학지도》는 서울에 있는 문학작품의 무대나 작가의 고향을 탐방해 그 작품에 대한 이해의 폭을 넓힐 수 있도록 구성되어 있습니다. 예술을 주제로 한 여행뿐만 아니라, 이렇게 문학을 주제로 여행을 즐겨도 좋습니다.《지리쌤과 함께하는 우리나라 도시여행》은 우리나라 대표도시 24곳을 뽑아 지리와 역사, 문화를 함께 배우면서 여행하도록 합니다. 요즘 트렌드가 한 달 살기입니다. 제주도에서 시작되어 강원도를 거쳐서 부산을 비롯한 남해안 지역까지. 많은 사람들이 한 달 살기를 하고 있습니다. 한 달 살기가 어려우면 한 주 살기라도 해보면 어떨까요? 우리나라 구석구석 멋진 자연과 문화유적을 탐방하고, 그 지역 사람들의 삶이 녹아 있는 문학과 예술도 더 깊이 경험해 볼 수 있을 것입니다.

2

목표 2
'건강'

우리나라 사람들의 사망 원인 1위가 암, 2위가 심혈관질환, 3위가 뇌혈관질환입니다. 이 3가지 질병을 예방하는 것이 노후 건강을 위한 가장 기본적인 준비입니다. 질병에 대한 이해와 함께 생활 속 건강생활 비법을 알아보겠습니다.

암이란 비정상적인 세포의 분화가 조절되지 않아 빠른 성장과 함께 다른 조직에 파고들거나 퍼져나가는 것으로, 혈액이나 림프계를 통해 몸의 다른 부분으로 퍼질 수 있는 질병입니다. 전이가 빠르고 전이된 부위가 위중하면 생명이 위험할 수 있습니다. 우리나라 사람 중 37.4%는 살아가는 동안 한 번은 암에 걸린다고 합니다. 3명 중 1명은 암에 걸린다는 말이죠. 가족 중 암 환자가 없는 집이 없을 정도입니다. 폐암, 간암, 대장암, 위암, 췌장암 등의 순서로 사망자가 많습니다. 다행히 의학의 발전에 따라 암의 5년 상대생존율은 해마다 높아지고 있습니다. 2019년 기준으로 남녀 전체의 5년 상대생존율은 64.0%입니다.

주변에서 쉽게 구할 수 있는 항암 음식으로는 가지, 마늘, 토마토, 양배추, 생강 등이 있습니다. 암을 예방하기 위해서는 몸을 따뜻하게 해서 면역력을 높여야 합니다. 평상시 운동을 규칙적으로 하고 따뜻한 목욕을 자주 하는 것이 좋습니다. 암의 치료를 위해 온열요법을 적용하고 있고, 한의원에서 하는 왕쑥뜸 치료도 좋습니다.

심혈관질환이란 심장과 심장 주위의 주요 혈관인 관상동맥에서 발생하는 질환입니다. 심장이 움직이는 데 필요한 피를 공급하는 관상동맥이 막혀서 심장세포가 죽어가는 것으로, 과거에는 심장마비라고 불렀습니다. 혈관벽이 두꺼워지고 탄력이 없어지면서 핏덩어리(혈전)가 잘 생기는 동맥경화증이 원인입니다. 동맥경화증을 초래하는 고혈압, 고지혈증, 당뇨병과 흡연이 심근경색의 위험을 높입니다. 심혈관질환의 특징은 남자가 여자보다 1.44배 많이 발생하고, 50대와 60대 환자 수가 가장 많다는 점입니다.

증상이 발생하면 구급차를 불러 환자를 지체 없이 병원으로 이동시켜야 합니다. 구급차가 오기 전까지 응급처치로 심폐소생술을 시행해야 하고요. 심혈관질환을 예방하려면 잠을 푹 자고, 스트레스를 없애야 합니다. 특히 발생 확률이 높은 중년 남성들은 조심해야 합니다. 금연과 금주를 하고 운동과 목욕으로 몸의 긴장을 풀어야 합니다. 욕심부리지 말고, 만족하고 감사하면서 살아야 스트레스를 받지 않습니다.

중풍(中風, palsy)은 다양한 유형의 마비를 가리키는 의학 용어입니다. 뇌의 혈관이 막히거나 혈관이 터지는 질환이죠. 흔히 한쪽 팔다리가 마비되거나 발음이 힘들거나, 의식 변화가 오지만, 모든 사람이 그런 것은 아닙니다. 혈관이 막힌 것은 뇌경색이고, 터진 것은 뇌출혈입니다. 단일 장기 질환으로는 가장 높은 사망률을 보입니다. 70대에 발병률이 가장 높습니다. 중풍 발생의 주요 위험 요소로는 고혈압, 당뇨, 고지혈증 등의 질환과 심장질환 그리고 흡연 등이 있습니다.

증상이 발생하면 무조건 119를 불러서 빠른 시간 내에 대형병원으로 가야 합니다. 구급차가 오는 동안 환자의 벨트와 옷을 느슨하게 해서 긴장을 풀게 하고, 손끝과 발끝 부위에 사혈침을 활용하여 피를 한 방울씩 내주면 도움이 됩니다. 관장을 하여 대변을 빼주는 것도 좋습니다. 걱정만 하고 있을 것이 아니라, 긴장된 환자의 몸을 이완시킬 수 있는 여러 방법을 써보는 것입니다.

| 건강생활법 |

첫 번째는 과로하지 않는 것입니다. 자신의 체력 이상으로 몸을 쓰면 몸에 무리가 옵니다. 체력을 소진했다면 쉬는 것이 약입니다. 한 달만 푹 쉬면 컨디션이 좋아질 것을 알면서도 우리는 대개 쉬지 않습니다. 쉴 여유가 없다고 말하며 계속해서 몸을 혹사하는 것이죠. 마치 브레이크가 고장 나 멈추지 않고 달리는 기차처럼 말입니다. 자신의 몸 상태를 잘 파악하고 멈춰야 합니다.

두 번째는 스트레스 예방입니다. 스트레스는 욕심에서 비롯됩니다. 사람들은 대개 과거에 대한 후회와 미래에 대한 불안으로 현실에 만족하지 못합니다. 자녀를 독립된 인격으로 보지 않기에 자녀가 성인이 되어도 독립시키지 못하고 내내 걱정하며 자신과 자녀를 들볶습니다. 배우자를 대하는 태도도 마찬가지입니다. 서로 독립된 온전한 인격으로 만나야 하는데, 상대에게 의존하거나 혹은 구속하는 것을 사랑이라고 착각합니다. 스트레스는 이렇듯 가까운 관계에서 비롯되는 경우가 많습니다. 상대에 대한 기대가 충족되지 않으면 원망의 마음이 생길 수 있습니다. 마음, 생각, 감정 등을 이해하고 다스리며, 마음 근력을 튼튼하게 만들어 감정이 나를 지배하지 않도록 마음을 훈련해야 합니다.

세 번째는 잠을 푹 자는 것입니다. 수면 중에 신체는 중요한 회복 과정을 거칩니다. 조직과 근육이 스스로 복구되고 면역 체계가 강화됩니다. 적절한 수면은 신체 회복을 지원하고 치유를 촉진하며 신체가 최적의 기능을 수행하도록 돕습니다. 수면은 기억 통합, 학습, 문제 해결 및 주의력과 같은 인지 과정에서 중요한 역할을 합니다. 충분한 수면은 정신적 명확성, 집중력 및 생산성을 향상시킵니다. 또한 감정 조절을 지원하고 전반적인 정신 건강에 기여합니다. 숙면을 위해서는 일정한 시간에 잠자리에 들고 일어나는 규칙적인 수면 습관을 들여야 합니다. 어둡고 조용하며 시원하고 편안한 수면 환경을 만들고, 암막 커튼, 귀마개 또는 편안한 침구를 활용합니다. 책 읽기, 따뜻한 목욕 또는 차분한 음악 듣기와 같은 활동이 도움되고, 낮 동안 햇볕을 쬐며 충분한 신체활동을 하는 것이 좋습니다.

네 번째는 운동을 하는 것입니다. 나이 들수록 운동을 통해 근육이 줄어드는 것을 막아야 합니다. 규칙적인 운동, 특히 근력 운동은 노후에 생존을 위한 필수 활동입니다. 규칙적인 운동은 시니어들이 신체 건강을 유지하고 향상시키는 데 도움이 됩니다. 심혈관 건강을 향상시키고 근육과 뼈를 강화하며 유연성과 균형을 향상시킬 수 있습니다. 규칙적인 신체활동은 시니어들에게 더 많이 발생하는 심장병, 당뇨병, 골다공증 및 관절염과 같은 만성 질환의 위험을 줄입니다. 운동은 균형감각과 근력을 강화하여 낙상의 위험을 줄일 수 있습니다. 규칙적인 신체활동은 뇌로 가는 혈류를 개선하고 신경 가소성을 촉진하며 기억력, 주의력 및 인지기능을 향상시킵니다. 이를 토대로 치매 및 알츠하이머병과 같은 인지 질환의 위험을 줄이는 데도 도움이 됩니다.

마지막으로 몸과 마음의 긴장을 풀어야 합니다. 이완 기술은 신체의 스트레스 수준을 줄여서 심혈관질환의 위험을 낮추고, 면역체계를 강화합니다. 또 이완은 마음을 진정시키고 불안과 걱정을 줄이며 전반적인 정서적 회복력을 향상시키는 데 도움이 됩니다. 몸을 이완하면 수면의 질을 향상시켜서 몸의 회복력을 촉진시킵니다. 노후에는 휴식을 우선시하고 긴장을 푸는 습관을 몸에 익혀야 합니다. 명상, 심호흡, 또는 취미생활 등을 습관적으로 하고 가끔 온천여행으로 몸을 따뜻하게 합니다. 평상시에는 목욕을 자주하고, 여건에 따라 반신욕과 족욕을 생활화하는 것이 좋습니다.

건강하고 행복한 노후의 집

3

목표 3
'관계'

인생을 살면서 행복하기 위해선 관계를 빼놓을 수 없습니다. 다음에 제시한 5가지 관계를 잘 맺고 유지하면 우리는 비로소 행복한 인생을 살아갈 수 있을 것입니다.

| 관계 |

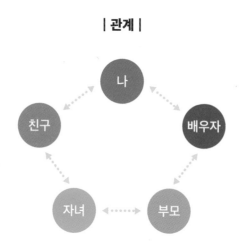

자신에 대해 잘 알고 나답게 살아가는 사람을 보면 참으로 멋집니다. 인생은 나를 찾아가는 과정이라고 합니다. 많은 사람들이 자신보다 남의 눈에 더 신경을 쓰며 살아갑니다. 타인의 인생 목표를 마치 나의 목표인 것처럼 살아가는 사람들도 많습니다. 그러면서 한편으로는 가족이나 타인을 원망하며 살아갑니다. 나를 잘 알아야 나답게 살 수 있습니다. 그래야 행복한 인생이죠.

그렇다면 어떻게 나를 찾아갈 수 있을까요? 나의 내면과 오롯이 마주하는 시간을 자주 가져야 합니다. "○○(각자 자기 이름)아~~ 고마워, 사랑해"를 반복하며 나와 마주하는 시간을 갖도록 합니다. 떠오르는 모든 생각이나 감정들을 적어봅니다. 부정적인 감정들이 올라와도 거부하지 않고 있는 그대로 바라봅니다. 낯 간지럽게 생각하지 말고 내 이름을 자주 불러봅니다. 그동안 열심히 살아온 나를 알아가기 위해 내 안에 일어나는 모든 감정과 생각들을 기록하고 온전히 나와 화해해야 합니다. 그러기 위해서는 내 안의 부정적인 감정들을 끄집어내는 것이 우선입니다. 그것들이 해소되면 비로소 나의 온전한 내면의 자아와 화해하게 될 것입니다. 김익한 교수의 《거인의 노트》와 소울디의 《빛의 시크릿》은 나를 찾아가는 데 도움이 되는 책입니다. 나와 내 주변에 대해 감사와 사랑이 끊이지 않을 순간을 위해서 나를 사랑하는 공부를 계속해 봅시다.

배우자와의 관계

배우자보다 자녀를 더 중요하게 여기는 경우가 있습니다. 배우자는 나와 노후를 끝까지 함께해야 합니다. 배우자와 행복한 관계가 이루어지지 않으면 그 부모 밑에서 자란 자녀도 행복하기가 쉽지 않습니다. 배우자와 좋은 관계를 만들기 위해서는 상대를 있는 그대로 인정하고 받아들여야 합니다. 상대를 내가 원하는 방향으로 바꾸려 할 때 관계는 금이 가고 불행해집니다. 행복한 관계를 위해서는 남자와 여자의 차이에 관한 공부도 해야 합니다. 상대를 이해하면 할수록 기대도 원망도 줄어들 것입니다. 배우자를 남은 인생을 재미있게 함께할 가장 좋은 친구로 만들어 봅시다.

부모와의 관계

나를 세상에 있게 해주신 부모님께 늘 감사한 마음을 갖습니다. 그리고 그 마음을 표현해야 합니다. 자녀들과 함께할 시간보다 부모님과 함께할 시간이 많지 않음을 명심해야 합니다. 부모님의 말과 행동이 답답해 보일 수도 있지만, 부모님을 바꾸려고 하지 마세요. 부모님도 힘들고 바꾸려는 자신도 힘들어집니다. 있는 그대로의 모습을 인정하고 감사의 마음을 표현해야 합니다.

가능한 한 자주 함께 여행을 갑니다. 온천을 중심으로 한 여행처럼 휴양 여행이 좋습니다. 설악산의 오색온천, 동해의 약천온천, 홍천의 힐리언스 선마을, 고창 석정온천 등이 부모님과 함께 가기 좋은 곳입니다. 이런 곳들은 건강한 식사를 함께 할 수 있으니 건강 여행으로도 좋습니다.

부모님의 노후에 살 집에 관해 공부하고 도움을 드립니다. 여유가 된다면 실버타운이 좋습니다. 부모님의 몸이 안 좋을 때를 대비해 미리 재활병원, 요양병원, 요양원도 공부합니다. 좋은 곳을 알고 있으면 부모님도 안심되어 아프지 않으실 겁니다. 부모님에게 감사할 것을 100가지 찾아서 100가지 감사노트를 만들어 선물해보세요. 부모님 인생에 최고의 선물이 될 것입니다.

자녀와의 관계

자녀에 대한 부모의 집착과 과도한 지원은 가족 모두에게 도움이 되지 않고, 궁극적으로 자녀에게도 도움이 되지 않습니다. 성인이 될 때까지 잘 돌봐주고 지원하는 것은 당연합니다. 하지만 성인이 되면 독립시키고 일체 간섭하지 않아야 합니다. 불필요한 참견 대신 삶에 정말 필요한 공부를 하도록 안내해야 합니다. 그런 공부에는 금융, 부동산, 소비 교육 등이 있고, 이는 학교에서 충분히 배우지 못하니 가정에서라도 해야 합니다. 자녀가 여러 명인 경우에는 모두를 공평하고 공정하게 지원해야 합니다.

공빠네는 가정행복계약서를 토대로 자녀들의 경제적 자립을 공평하게 지원하고 있습니다. 대학교 학자금은 한 학기 500만 원씩 대출해 줍니다. 독립하거나 결혼할 경우, 5,000만 원 한도로 각자 저축한 돈만큼 추가로 대출해 줍니다. 수입이 생길 경우 수입액의 일정 금액 이상 갚도록 합니다. 대출이자는 없고, 원금만 40대까지 갚도록 합니다. 대신 부모가 지정한 금융, 부동산, 소비 교육 등을 위한 책을 읽고 독후감을 내도록 합니다.

이렇게 오랜 기간 공부하면 경제교육도 잘되어 있을 것이고, 부모와 신뢰가 쌓일 것입니다. 자녀들이 40대 중반이 되면 돈이 많이 필요하게 되면서 부모보다 더 돈을 잘 굴릴 수 있는 능력을 갖출 것입니다. 이때 부모는 일정한 노후 자금만 남기고, 나머지는 자녀들에게 사전증여를 합니다. 자녀들에게 무작정 퍼주는 것보다 적절한 공부와 훈련을 통해 돈을 다룰 수 있는 능력을 갖추게 하면서 정말로 필요할 때 나눠주는 것이 더 큰 사랑이 아닐까요?

친구와의 관계

노후에 마음이 맞는 친구가 있으면 남 부러울 것이 없겠죠? 서로 이해관계가 얽힌 많은 지인보다는 편안한 친구 몇 명이면 좋겠

건강하고 행복한 노후의 집

습니다. 공부를 친구 삼고, 예술을 친구 삼아도 좋습니다. 그러다 보면 같은 관심사를 가진 진짜 친구들이 생기죠. 어릴 적 추억을 되새기는 친구도 좋지만, 현재 관심사를 함께 나누는 친구들도 좋습니다. 외로워서 친구를 만들려고 하면 그 관계에서 더 외로워질 수 있습니다. 의존하지 않고 나의 것을 나눠주는 관계를 만들어 가면 노후가 풍족할 것입니다.

유쾌 상쾌

실버 인터뷰
Silver Interview

③

노후는
고국에서!
역이민 시니어

 미국에서 역이민 온 시니어

"실버타운 생활이 참 즐거워요. 여기 남자친구도 있고, 밥도 맛있고
서울 나들이도 가기 좋고. 여기서 사니까 홀가분하고 내 인생이 즐거
워요"

청심빌리지 이도숙 어머님(78세)

Q 실버타운에 오신 계기는 어떻게 되세요?

A 미국에서 30년 살다가 남편이랑 한국에 돌아왔어요. 미국
에서는 나이 들고 운전 못 하면 거의 갇혀 살아야 해요. 그

래서 한국에 왔는데, 남편은 한국에서 같이 살다가 돌아가셨어요. 이제 혼자 밥을 해서 먹는데 도저히 밥이 안 넘어가요. 못 해 먹겠더라고요. 그래서 여기 와서 2박 3일 실버타운 체험을 했어요. 집에 돌아가서 생각하니깐, 여기밖에 생각이 안 나요. 너무 생활하기 편하고 공기도 좋고. 나무랄 게 없어요. 그래서 집이 팔리자마자 그냥 보따리 싸고 들어왔어요.

남자친구도 1명 있었는데, 그 사람도 따라 들어왔어요. 자식들이 들어가서 생활하라고 해서. 지금까지 2년 동안 친구로 삼고 잘 지내고 있어요.

Q **이곳의 장점은 무엇인가요?**

A 일단 여기 밥이 살이 찌지가 않아요. 건강식이니까. 미국에서 골프를 많이 해서 청심에 와서도 파크골프를 하는데 너무너무 좋은 거예요. 아침저녁으로 운동할 수 있고, 밥도 잘 주니깐 오히려 살도 안 찌고 건강하게 살고 있어요. 내가 애가 없는데 여기에 사람이 많아서 전혀 외로운 걸 느끼지 않아요. 여기서 사니까 홀가분하고 내 인생이 그냥 즐거워요.

건강하고 행복한 노후의 집

Q 잘 들어오셨다 생각하시는 거죠?

A 내가 나이가 78살인데 여기 오려면 빨리 들어오는 게 좋아요. 늦게 들어오면 즐기지를 못해요. 운동도 못 하고 지팡이나 휠체어에 의지하면 사는 맛이 안 나요. 그래서 젊어서 들어오라는 거예요. 집에서 어떻게 80 넘도록 밥해 먹고 살아요? 여유만 있으면 일찍 들어와야 해요.

Q 서울에 나들이도 가끔 가시나요?

A 우리는요, 여기 멤버가 있어요. 함께 어울리는 남자분들도 있고 그래서 아주 자주 가요. 가서 회도 먹고 고기도 먹고 즐겁게 놀다가 와요.

Q 한 달에 생활비는 얼마나 드세요?

A 한 달에 200만 원이면 충분히 생활할 수 있어요. 식비와 관리비로 150만 원 정도 내고 나머지 돈은 용돈으로 쓰는 거지요.

Q 60식이 의무식인데, 몇 식이나 하세요?

A 삼시 세끼는 다 먹지 않아요. 하루에 두 끼만 먹어도 돼요. 한 끼는 토스트나 죽도 먹고 그러면 되죠. 또 집에서 가끔 먹고 싶은 거 만들어 먹거나 사 먹으면 즐겁죠. 한 끼는 자유로운 게 좋은 것 같아요.

Q 실버타운 생활이 많이 행복해 보이세요.

A 굉장히 자유롭고 좋아요. 몸이 건강하니 어디서 뭘 먹든 아무도 간섭 안 하고요. 그런데 몸이 아프면 어디에 살든 지옥이에요. 나이 들면 병원 가기도 귀찮고, 또 여기서 차가 데려다준다고 해도 자식들도 자주 못 보고 귀양살이나 마찬가지일 것 같아요. 그래서 조금이라도 젊을 때 들어오라고 말하는 거예요. 그래서 남은 인생 골프도 하고 외식도 하고 사람도 만나면서 즐길 수 있죠.

미국 라구나우즈에서

동해약천온천실버타운으로 정착한 시니어

"공빠TV를 만난 건 우리에게 큰 기회를 준 거예요. 이렇게 인생의 방향을 바꿨다는 게 우리에게는 엄청난 일이거든요. 항상 고맙게 생각하고 있습니다"

동해약천온천실버타운에서 지내는 아버님(익명)

Q 한국 실버타운에서의 생활은 어떤 의미가 있나요?

A 우리가 미국 라구나우즈 실버타운에서 22년을 살았고, 여기서 8개월을 살았어요. 그런데 미국에서 8개월을 더 산다는 건 아무것도 아니거든요. 그저 시간만 가는 거지. 그런데 여기에서의 8개월은 정말 큰 의미가 있어요. 내 인생에 여기서 한 8년을 산다면 인생을 아주 잘 사는 것이라 생각을 해요.

중요한 건 인생의 방향성이에요. 한국에서 살다가 방향성이 바뀌어서 이민을 갔죠. 그것과 마찬가지로 공빠TV를 만나지 않았다면 방향성이 바뀌지 않았을 테고, 내 인생은 미국에서 생활하다가 거기서 끝난 거죠. 인생의 방향성을 바꿨다는 건 정말 엄청난 일인데, 그런 기회를 준 공빠TV에 항상 감사하고 있어요.

우리와 같이 생각하는 사람들이 하나둘 많이 늘어나고 있어요. 미국에서 이민생활을 하다가 이렇게 나처럼 한국에 들어와 실버타운으로 오려고 하는 사람들이 많이 늘어나고 있고, 실제로 여기도 문의가 많아요. 미국에서 내가 라구나우즈에 처음으로 들어갔는데, 우리를 따라서 들어온 사람들이 참 많아요. 내가 미국을 떠나 올 때는 그곳에 한국 동포들이 2,000명이나 됐어요. 그렇게 영향을 받아서 많이 들어오더라고요. 한국도 그런 실버타운 돌풍을 일으킬 가능성이 매우 커요.

Q 아버님의 종교와 실버타운 운영 종교가 다른데,
불편한 점은 없으신가요?

A 전혀 없어요. 보통 천주교나 기독교, 불교 등 서로 다른 종파는 갈등도 있고 배척하고 그러는데, 여긴 그런 걸 못 느끼겠어요. 여기 직원이나 사는 사람들 종교, 나는 잘 몰라요. 그렇지만 종교인들이 운영하는 곳이다 보니, 기본적으로 헌신하고 베풀고 착하게 남을 위해 무엇을 한다고 하는

건강하고 행복한 노후의 집

걸 느낄 수가 있어요.

마치 좋은 며느리가 있는 것 같아요. 직원들이 좋은 며느리처럼 대해주고 그러니까 하루를 마음 편히 보낼 수 있게 돼요. 봉사하는 마음을 가진 직원들이 많아서 참 고마워요.

Q 공빠TV에 감사함을 표현해 주셨는데요,
혹시 바라는 점은 없을까요?

A 이곳이 너무 좋은데 앞으로 5년 이상 더 살다 보면 몸이 많이 아프거나 여기서 돌봐줄 수 없을 정도가 될 수도 있잖아요. 그러면 여기서 생활하는 것이 힘들어질 텐데, 이후에는 요양원밖에는 갈 곳이 없는 건가요?
나이 든 우리로서는 이 부분에 대한 정보가 없고, 또 어떤 시스템으로 돌아가는지 모르겠어요. 공빠TV에서 실버타운 이후, 돌봄이 많이 필요한 노인들이 갈 수 있는 곳을 소개해 주면 좋을 것 같아요.

"저는 행복합니다. 진짜로 행복합니다. 아무런 불편함이 없어요. 여기
어르신들도 아주 자유분방하게 내 집에 살 듯이 그렇게 살아갑니다"

일붕실버랜드 강일순 어머님(84세)

Q 일붕실버랜드에는 언제 입주하셨나요?

A 1999년 1월에 왔어요. 벌써 23년이 넘었네요. 남편이랑
같이 들어왔는데, 같이 생활하다가 몸이 아파서 요양원에
있다가 하늘나라로 떠났어요. 돌아가신 지 2년 반 정도 됩
니다.

Q 23년 전이면 실버타운이 막 생길 때 들어오신 거네요.
60대 젊은 나이에요.

A 그때는 실버타운이 보편화되지 않아서 이런 데 오는 걸 많
이 알지 못했어요. 저도 잘 몰랐고요. 그런데 우연히 동네
미용실에서 이런저런 이야기를 하다 보니까 알게 되었고,

남편 설득해서 들어왔어요. 60대면 젊은 편이니까 사람들이 전부 젊은 나이에 왜 들어가느냐고 했는데, 저는 여기 들어온 순간부터 후회가 없어요. 항상 여기가 편하고요. 지금도 자식들 집에 가면 여기보다 편하지 않아요. 생활하기도 편하고 이사장님도 잘해주시니까요.

Q 이곳은 어떤 장점이 있나요?

A 여기 오시면 다 건강해집니다. 규칙적인 식사도 할 수 있고, 공기도 좋고 방도 따뜻하고 24시간 온수도 잘 나와요. 밖에서 여간 잘사는 게 아니라면 여기처럼 그렇게 살 수가 없어요. 이걸 모르는 어르신들이 참 많아요. 또 이사장님이 저희 딸이랑 동갑인데, 진짜 딸처럼 얼마나 잘하는지 몰라요. 어디 가서 맛있는 음식이 있으면 우리 어르신 해드려야지 생각하고, 마음씨가 참 예뻐요. 여기에 사는 어르신들은 정말 복 받은 거죠. 저도 그렇고요.

Q 하루 일과는 어떻게 되세요?

A 아침에 일어나서 40분에서 50분 정도 운동도 하고 걷기도 해요. 여기서 나오는 음식은 점심 한 끼만 먹고, 제가 방에서 아침저녁은 만들어 먹어요. 점심 먹고 나면 노인대학에 가거든요. 거기에 노래방도 있어서 음악 틀어놓고 노래도 부르고 이야기도 하면서 놉니다. 분위기가 좋으니까 자유롭게 잘 놀아요. 지루하다는 생각이 전혀 들지 않아요.

Q 어머님처럼 입주민들이 참 행복해 보였어요.

A 여기 계신 분들은 다들 행복합니다. 특히 여자들한테는 천국이에요. 밥하는 거 신경 안 써도 되지, 사람들과 즐겁게 놀 수도 있지, 건강해지지. 여기만 한 곳이 없어요.

Q 생활비는 한 달에 얼마나 드세요?

A 솔직히 어르신들이 병원에 가지 않으면 돈 쓸 일이 별로 없어요. 과일 사 먹는 거 정도지. 그것도 자녀들이 영양제

건강하고 행복한 노후의 집

랑 과일 같은 걸 택배로 많이 배달시켜 주니까 크게 돈이 나가지도 않아요. 그런데 몸이 아프면 병원에 가야 하니까, 내가 몸이 얼마만큼 건강하냐에 따라서 생활비가 달라지는 것 같아요.

Q 평생종신제로 입주하셨다고 들었어요.

A 예. 제가 복이 참 많아요. 우리가 들어올 때는 1인 가구 3,500만 원밖에 안 했어요. 솔직히 어르신들이 이렇게 오래 살 거라고 생각을 못 하고 이사장님이 한 6~7년을 계산한 거 같아요. 그때는 금리도 높았잖아요. 그래서 괜찮았는데, 지금은 23년도 넘게 이렇게 잘 지내고 있네요. 솔직히 이사장님한테 미안하기도 하고. 하하.

Q 처음 들어올 때 자녀분들이 걱정하지는 않았나요?

A 처음에 여기 들어올 때는 자식들한테 아무 말도 안 하고 "우리는 간다"라고 통보하고 들어왔어요. 그때는 펄펄 뛰고 난리가 났죠. 애들이 저희한테 여기서 좀 살아보고 아

니다 싶으면 나오라 했거든요. 그런데 내가 그랬죠. 하늘이 두 쪽 나도 나갈 일 없다고요. 애들도 저희 행복해하는 거 보고, 잘 사는 거 보니까 지금은 안심하고 있어요. 이제는 잘 들어가셨다고 말할 정도예요.

 파나마에서 고창타워로 역이민 온 시니어 이야기

"직접 와보지 않고 계약을 했어요. 통화를 할수록 신뢰감이 생겼고, 공빠TV도 정말 많은 도움이 되었어요"

서울시니어스 고창타워에서 지내는 아버님(익명, 79세)

Q 아버님, 저를 알아보셨는데 공빠TV를 보셨나요?

A 인터넷을 통해서 공빠TV를 봤어요.

건강하고 행복한 노후의 집

Q   외국에서 오셨다는데 어디에서 오셨나요?
계약은 어떻게 하셨고요.

A   저는 남미 파나마에서 45년간 살다가 한국으로 왔어요. 인 터넷을 통해서 여기 서울시니어스 고창타워를 알게 되었 는데, '환경적으로 참 좋은 곳이구나' 하고 생각을 했었죠. 그래서 전화를 했는데 여기 부장님과 통화를 했어요.
처음에는 여러 생각을 했어요. 이거 혹시 보이스피싱 아닌 가 하는 생각도 했는데, 통화를 할수록 신뢰가 생겨서 일 단 믿어보고 계약을 진행하게 된 거죠.

Q   그럼 계약할 때 가장 마음에 들었던 점은 무엇인가요?

A   일단 이곳 사람들을 모두 신뢰할 수 있었어요. 환경도 어 머니 품속처럼 아늑하게 느껴져서, '아 여기서 여생을 보 내도 되겠구나' 하는 마음이 들었어요.

Q 아버님처럼 해외에서 고국으로 다시 오시려는 사람들이 많아요. 그분들을 위해서 조언을 해주신다면?

A 여기가 1차, 2차, 3차도 끝나고 내년이면 4차도 끝나잖아요. 그래서 더 이상 없을 수도 있으니 오고자 마음을 먹었으면 서두는 것도 좋을 것 같아요. 제가 아는 사람 중에서도 다섯 분이 여기로 오시겠다고 하는데, 남아 있을지가 걱정입니다. 요즘엔 역이민자로 한국 실버타운에 들어오려는 사람들이 많아서 여기도 벌써 뉴욕이랑 댈러스 지역에서 답사하러 오겠다고 해요. 고국에 오셔서 재미있고 편안하게, 또 건강한 여생을 보냈으면 좋겠습니다.

건강하고 행복한 노후의 집

돈이 없어도
행복하고 당당한
시니어

 돈이 없어도 나누고 살아요

"내가 참 살기는 힘들게 살았어도 그렇게 궁색하게 사는 것 같이 안 보인다고 사람들이 말해줘요"

고령자복지주택 황영옥 어머님(87)

Q 고령자복지주택에서 생활하신 지는 얼마나 되셨나요?

A 여기 입주 시작할 때 왔으니깐 3년이 넘었어요. 이제 만 4년이 다 되었네요.

Q 처음 입주하실 때 걱정되는 점은 없으셨나요?

A 그냥 믿고 왔으니까요. 믿고 오니까 뭐든지 다 편하더라고요. 여기는 임대지만, 그래도 내 집이잖아요. 그리고 복지관이 바로 가까이에 있어서 그게 너무 좋았어요. 진짜 우리가 아쉬운 곳이 복지관이잖아요. 그런데 복지관에서 노인들 위해 엄청 신경을 많이 쓰는 거 보면, 솔직히 먼 데 있는 내 자식보다도 너 살해요. 자식들은 전화 한번 오면 그만이잖아요. 그렇지만 여기 복지관 선생님들은 수시로 드나들면서 안부 묻고, 또 우리는 거기 가서 식사도 하고 그래요.

Q 저희도 식사를 해봤는데 맛있더라고요.
그럼 하루 식사는 어떻게 해결하세요?

A 맛있죠? 오늘은 떡국이 나왔는데, 다 솜씨 있게 잘해요. 요리사라서 그런가 여러 사람 입에 맞게 해주고, 감사한 마음이에요. 아침저녁은 직접 해서 먹고 점심은 복지관에서 먹어요. 밥하고 싶지 않을 때가 많지만, 그래도 아직은 힘이 있으니까~~.

건강하고 행복한 노후의 집

Q 많은 어르신들이 고령자복지주택을 잘 모르세요.
어떻게 소개할 수 있을까요?

A 잘 몰라요, 정말. 예전에 어떤 분이 여기 오고 싶은데 시설을 잘 몰라서 못 오겠다고 그래서, 제가 우리 집 가서 구경하자고 말했어요. 여기 다 똑같은 집이니까 우리 집에 가서 구경하고 오실 마음이 있으면 오라고 말했어요. 진짜 우리 집에 왔어요. 두 번이나 왔었어요. 혼자 와서 보고, 친구랑 아들까지 데려와서 보더라고요. 그러더니 지금은 여기 13층에 와서 살고 있어요. 살기도 좋고 복지관도 있으니까 안심하고 이렇게 소개해 줄 수 있어요.

Q 많은 사람들이 궁금할 것 같은데,
한 달 생활비는 얼마 정도인가요?

A 매달 기초연금과 주거급여를 합치면 50만 원 정도 들어와요. 그 돈으로도 충분히 살 수 있어요. 여기가 보증금 2,530만 원에 월 임대료가 6만 1,700원이고, 식사하고 이것저것 필요한 것들 사면 50만 원으로도 충분히 생활할 수 있어요. 제가 먹는 데는 5만 원 이상 안 써요. 여기 복지관

에서 잘해주니까 그 덕으로 사는 거예요.

Q **어머님 층별 매니저라고 하시던데,**
많이 활동적이고 사람들이랑 관계도 좋으시겠어요.

A 못한다고 하는데도 자꾸 시키니까, 그래도 고마워서 하는
거예요. 전화도 하고 만나러 가기도 해요. 언제 이런 일이
있었어요. 여기 9호에 사는 분이 우리 교인이라서 교회 가
자고 전화를 했는데 안 받는 거예요. 신호는 계속 가는데
전화를 안 받으니까 9호 앞에 가서 귀를 기울였어요. 근데
또 잘 안 들려서 관리실에 문 좀 열어달라고 했더니 번호
키라서 할 수가 없대요. 아이고, 너무 걱정이 되가지고 파
출소에 연락했죠. 세 분이 오시더니 문에 귀를 대보니깐
전화 소리가 난다는 거예요. 빨리 119에 신고하고 구급대
가 왔는데, 문을 뜯어야 하는데 함부로 그럴 수가 없다는
거예요. 저보고 변상할 수 있냐고 그러기에, "내가 변상해
줄 테니 빨리 문 뜯어달라고, 사람부터 구해야 되지 않느
냐"고 그랬어요. 그런데 문을 여니깐 전화는 있는데 안에
사람이 없었어요. 그 양반이 전화를 놔두고 서산 아들 집
에 간 거였어요. 그래도 얼마나 다행이에요?

Q 그 후에는 어떻게 되었나요?

A 그분이 오셔서 왜 맘대로 문을 뜯었냐고 다그쳐서 "내가 변상해 줄게, 100만 원이 나와도 내가 변상할게"라고 했어요. 그런데 주변 사람들이 사람을 살린 사람한테 그러는 거 아니라고 그러면서, 저 보고 생명의 은인이라고 했었어요. 다행히 그분이 수급자라서 정부에서 문을 다시 달아줬어요.

Q 정말 잘하셨어요. 어머님은 굉장히 행복하실 것 같아요.

A 네, 고마워요. 남들도 다 그렇게 말해줘요. 사는 게 힘들어도, 또 나도 힘들게 살았어도 궁색하게 사는 것 같지는 않아 보인대요. 다 같이 행복하게 즐겁게 살아야죠.

알뜰실버타운 즉문즉설

"여기를 몰라서 그렇지 짧게 공부를 했어도 얼마나 넓게 쓰는지 몰라. 그래서 우리는 서로 이야기를 하면 너무너무 좋아요. 항상 즐겁고 슬플 새가 없어요. 일단 여기 와보시라고 해요. 가슴을 툭 틔워줄 테니까"

고령자복지주택 정동선 어머님(87세)

Q 알뜰실버타운에 얼마나 사셨어요?

A 4년 되었어요. 여기 만들어지고 바로 들어왔죠.

Q 혼자 생활하시기는 좀 어떠세요?

A 너무너무 좋아요. 여기가 넓지도 좁지도 않고 딱 이 정도면 뭐 하나도 불편한 거 없어요.

Q   식사는 주로 어떻게 하세요?

A   일단 내가 만들어 먹죠. 복지관에 있는 식당은 하루에 한 번 가고요. 그 식당도 참 잘해놨어요. 밥도 맛있고 시설도 좋고요.

Q   입주하실 때 어떻게 알고 들어오셨나요?

A   집에 혼자 있으니깐 주민센터에서 이야기하더라고요. 한번 여기에 접수해 보라고. 그래서 접수를 했는데, 생각지도 못했는데 1차에 바로 됐어요. 그래서 여기 왔더니 14층인 거예요. 높은 곳에 있으니깐 경관도 좋고 딱 잘되었다 싶더라고요. 처음 들어왔을 때는 입주한 사람이 별로 없어서 으스스하고 그랬는데, 이어서 들어오더니 지금은 다 찼어요.

Q   자녀분들이 좋아하시겠어요.

A   좋아하지. 내가 여기 있으니까, 왔다 갔다 해요. 애들은 여기를 별천지라고 해요. 내가 좋아하니까 자식들도 마음 놓

고 좋아해요. 노인들이 이런 곳에서 살면 못된 아들도 효자가 돼요. 자식들이 여기 와보면 아주 좋다고 하거든요. 그러니까 한 번 올 거 두 번도 오고 그러면서 효자가 되는 거예요.

Q 하루는 어떻게 보내시나요?

A 자고 일어나면 운동을 해요. 여기서 30분 정도는 할 수 있어요. 복지관에서 이거저거 다 마련해 줬으니까. 그러고 나서 아침 먹고 복지관 가서 휴대폰 공부하고, 공부 끝나면 거기서 점심 먹고 집으로 올라와요. 도우미 선생님 오면 같이 앉아서 공부하다가 모르는 거도 묻고 이야기도 하고요. 건강 앱도 배워서 AI 스피커랑도 이야기해요. 저녁에 자다가도 스피커가 "안녕히 주무시라"고 심심치 않게 이야기를 해요.

Q 친구들도 많이 사귀셨나요?

A 그럼요. 많죠. 같이 노래 교실도 가고 복지관에도 놀러 가

건강하고 행복한 노후의 집

죠. 우리 팀장님이라 어디 가자고 하면 동아리 만들어서 해요. 시민대학에서도 와요. 이것저것 할 것도 많고 외롭고 그런 건 전혀 없어요. 여기 노인들만 있어서 외롭다고 생각하는 사람도 많은데, 아이고, 몰라서 하는 말이에요. 친구들도 있고 남자친구도 있고 외로울 때는 같이 술은 못하지만, 복지관에 가서 이야기도 하고 여러 할 것도 많아요. 와보라고 해요. 얼마나 좋은지 살아보지 않으면 진짜 몰라요.

Q 여기서는 한 달에 얼마가 있으면 생활할 수 있어요?

A 40만 원으로는 좀 부족해요. 내가 지금 나오는 돈이 한 달에 44만 원이거든요. 그런데 다른 건 다 해결할 수 있어도 병원에 다니면 좀 부족해요. 약값이 제일 많이 들거든요. 솔직히 아프지만 않으면 돈 쓸 곳도 별로 없어요.

80대 주말 부부, 서로 자유롭게 살아요!

"나이 들수록 독립적으로 생활하는 게 좋아요. 나도 좋고 집사람도 좋고. 주말 부부, 그게 더 행복한 방법인 것 같습니다"

고령자복지주택에서 지내는 아버님(익명, 83세)

Q 고령자복지주택에 어떻게 입주하게 되셨나요?

A 자식들이 이 근처에 살아서 아버지 늙었으니 올라와서 살아라고 해서 오게 되었습니다. 5년째 이곳에서 생활하고 있습니다. 가족도 자주 볼 수 있어서 좋고 사는 환경도 좋고 특히 복지관이 있어서 노인들이 참 만족합니다.

Q 고령자복지주택 참 경제적이지 않나요?

A 그렇습니다. 사실 제가 사업을 하다가 잘되지 않아서 혼자 살아보니까 한 달에 뭐 집세랑 식비 등 최하 70만 원은 있어야 살 수 있었습니다. 그런데 지금은 그렇게 많은 돈이 들지 않아요. 공공 일자리로 27만 원 벌고, 식사는 아침

이랑 저녁은 제가 해 먹고 점심은 복지관에서 주니까 아주 좋습니다.

Q **보통 하루 일과는 어떻게 되세요?**

A 저는 좀 일찍 일어납니다. 새벽 4시 30분쯤에 일어나서 PBC 평화방송 틀어놓고 묵주 기도를 드립니다. 미사를 마치고 나면, 여기 근처 산책하고 아침 먹고 또 산책합니다. 그리고 공공 일자리 가서 일하고, 그다음에 여기 와서 사람들이랑 놉니다. 헬스장도 가고 센터에서 사람들하고 이야기도 하면서.

Q **사람들 많이 사귀신 모양이네요.**

A 네, 제가 성격이 외향적이라서 사람을 잘 사귑니다. 생활하다 보면, 가까이하려고 노력해도 멀어지는 사람도 많습니다. 참 고독하게 혼자 다니는 거 보면 안타깝기도 합니다. 성격 나름인 것 같습니다. 그래도 복지관에서 중심이 돼서 사람들 자주 모여서 고독하게 다니지 않게 하는 프로

그럼 같은 걸 많이 연구하면 좋을 것 같습니다.

복지관에서 자주 이용하는 시설은 뭔가요?

A 먼저 건강을 생각해야 하니까, 헬스장도 자주 이용하고 여기저기 왔다 갔다 많이 합니다. 그리고 복지관에서 사람들하고 서로 대화하고 그렇게 보내고 있습니다.

Q **배우자와는 함께 살지 않나요?**

A 근처에 있는데, 따로 살고 있습니다. 사는 데가 집이 좁아서 불편했는데 마침 여기 들어오게 되어서 참 다행이라는 생각을 했습니다. 가까이 살아서 가끔 만나고. 또 반찬 가지러 가고 하면서 종종 봅니다. 살아보니까 나이 들수록 가까이 있으면 불편한 것도 많고 짜증도 내고 그럽니다. 아내도 이제 나이가 있으니깐 밥하는 것도 싫고 귀찮으니, 이렇게 독립적으로 주말 부부로 사는 게 훨씬 좋은 것 같습니다. 독립적으로 생활하니깐 저도 좋고 아내도 좋고 불편한 것도 없어서 행복합니다.

건강하고 행복한 노후의 집

Q 고령자복지주택 장점 2가지를 꼽는다면

A 일단 경제적으로 매우 좋습니다. 큰돈 들이지 않고 여러 혜택을 누리며 살 수 있으니까요. 그리고 개인적으로는 복지관이 함께 있는 게 정말 하느님의 은혜로 보고 있습니다. 이 얼마나 좋습니까. 사람들이랑 만나서 이야기도 할 수 있고, 식사도 주고 좋은 시설들도 많고요. 여기 복지관에 있으면 나이 드신 분들이 기계나 이런 걸 잘 사용 못 하니까 내가 앉아서 이래저래 가르쳐 주기도 하고, 잔소리 비슷하게 얘기를 많이 합니다.

Q 자녀들도 안심하겠어요.

A 그렇습니다. 예전보다 걱정을 훨씬 덜 합니다. 조금은 떨어져 있지만, 차로 쉽게 왔다 갔다 할 수 있고, 주말에 와서 밥도 사주고 그럽니다.

공빠네가 제안하는
우리나라 특성에 맞는 노후에 살 집

노후에 살 집으로 시니어에게는 실버타운이 가장 좋습니다. 건강 식사, 운동 서비스, 의료 서비스, 문화 여가 서비스, 생활 편의 서비스 등 각종 서비스를 받으면서 살기 때문에 건강한 노후 생활을 즐길 수 있습니다. 다른 사람들과 어울려 생활하므로 고립감도 적고, 우울증과 치매 예방에도 좋습니다. 하지만 안타깝게도 실버타운에는 시니어 어르신 중 0.1% 미만만이 입주가 가능합니다. 앞으로 좋은 실버타운이 많이 만들어져야 한다고 생각합니다.

우리나라 실버타운은 제각각 특색이 있고, 비용 부분에 있어서도 다양합니다. 부자인 사람들이 갈 수 있는 곳도 있지만, 중산층

이하의 보통 사람들이 갈 수 있는 실버타운도 여러 곳입니다. 현재 있는 실버타운을 잘 공부해서 자신에게 꼭 맞는 곳을 노후에 살 집으로 선택한다면 정말 행운일 것입니다.

경제적으로 정말 어려운 시니어에게는 가장 먼저 고령자복지주택을 추천합니다. 똑같은 돈을 가지고 있어도 어떻게 활용하느냐에 따라 삶의 질이 달라지고 노후 건강에 영향을 줍니다. 넓은 집에 대한 욕심만 내려놓으면 돈이 적더라도 건강하고 여유로운 노후를 보낼 수 있습니다.

돈이 부족한 시니어에게 다음으로 추천하는 노후에 살 집은 공공임대주택입니다. 얼마 안 되는 돈을 집으로 깔고 있지 말고 정부에서 공급하는 영구임대, 매입임대, 국민임대, 행복주택 등 공공임대주택에서 조금이나마 더 여유롭게 사셨으면 좋겠습니다.

실버타운과 공공임대주택을 원하지 않는 시니어를 위해서 공빠TV에서는 현재 있는 집 중에서 시니어에게 추천할 만한 곳들을 골라서 실버하우스라는 이름으로 소개하고 있습니다. 젊을 때 살던 집과 노후에 살 집은 달라야 한다는 취지입니다. 집의 규모를 줄여서 노후 자금을 마련하고, 옮겨갈 집은 건강에 도움이 되고, 여가 활동을 즐길 만한 곳이어야 한다는 것이죠. 우리 주변에서 관심을 가지고 찾아보면 가까이에도 노후에 살 집으로 좋은 곳들이 많습니다. 정부에서 정책적으로 만들고 있는 신도시 지역은 거주 여건이 좋습니다. 또한 구도심에도 지역 활성화를 위해서 공원과 공공 시설들을 만들고 있어서 기존 구도심도 좋은 곳들이 많습니다.

현재 우리나라 시니어 세대와 자녀들인 젊은 세대의 특징을 살펴보고, 부모와 자녀들이 함께 잘 살 수 있는 새로운 주거문화를 제안하겠습니다.

● 시니어 세대의 특징

일반적으로 시니어 세대는 살던 곳에서 계속 살고 싶어 합니다. 자녀와 가까이 있고 싶어 하고, 자녀를 기꺼이 도와주고 싶어 하죠. 그리고 남들보다는 자녀에게 돌봄을 받았으면 합니다. 재산이 있으면 죽을 때까지 가지고 있어야 한다는 강박이 있으며, 요양원에는 가기 싫어합니다. 우리나라 시니어 세대는 양극화가 심합니다. 75세 이상의 후기고령자들은 빈곤층의 비율이 절대적으로 높고, 이제 막 시니어 세대에 진입한 베이비 붐 세대는 자산도 많이 형성했고, 풍족하게 연금을 준비하여 비교적 여유롭습니다. 부유한 액티브 시니어들은 활동적이고 자신감이 넘칩니다.

건강하고 행복한 노후의 집

⬤ 젊은 세대의 특징

부모님과 함께 살고 싶지는 않아 합니다. 경제적으로 어려워 자신들의 경제적 삶도 버겁게 느낍니다. 열심히 벌어도 자신의 소득으로 적당한 집을 구입하기 힘듭니다. 대부분 맞벌이를 하고 있어서 식사 준비와 집안일 등에 지쳐 있습니다. 외식, 반조리 음식, 배달음식에 의존하는 경향이 강합니다. 힘들 때는 부모님이 도와주었으면 좋겠다는 생각을 합니다. 실제로 자녀 양육, 주택 구입 등 부모님의 경제적 지원이 절실합니다.

⬤ 공빠와 공마의 제안

실버타운의 장점을 도입한 시니어 특화 아파트를 만들었으면 합니다. 시니어 특화 아파트는 부모 세대의 자산을 자녀에게 합리적으로 전하는 사랑 특화 아파트입니다. 그리고 시니어 특화 아파트는 부모 세대와 자녀 세대가 함께 살 수 있는 효도 특화 아파트입니다. 또 시니어 특화 아파트는 정부 지출을 최소화하여 고령화 사회를 극복할 복지 특화 아파트이기도 합니다.

현재의 아파트는 자녀를 양육하는 젊은 세대 위주로 설계되고 있습니다. 고령화 사회로 접어들면서 자산을 많이 보유한 시니어들을 위한 배려가 부족한 편입니다. 그렇기에 시니어들이 건강하고 풍요롭게 노후를 보낼 수 있는 아파트를 공급해야 합니다. 이미 노후에 살 집으로 입증된 실버타운의 장점을 아파트 설계에 반영하면 됩니다. 자녀와 부모가 같은 단지에 함께 살지만, 서로 독립적으로 사는 아파트를 만듭니다. 부모는 힘이 있을 때 자녀에게 도움을 주고, 쇠약해진 부모를 돌볼 수 있는 자녀 세대가 공존하는 고령화 사회를 극복하는 한국형 시니어 특화 아파트를 보급하는 것입니다. 이렇게 되면 정부는 고령화 사회의 부담을 민간과 나눌 수 있는 기회가 되고, 건설사는 부모 세대의 집과 자녀 세대의 집으로 2개의 집을 세트로 판매할 수 있습니다. 시니어 특화 아파트의 구체적인 모습을 살펴보겠습니다.

1. 공동식당을 운영합니다. 시니어의 건강뿐 아니라 바쁜 젊은 세대와 자녀들을 위해서도 건강을 고려한 식사가 가장 중요합니다.

2. 공동커뮤니티에 수영장, 피트니스, 사우나 등 건강운동시설을 갖추고, 다양한 동호회를 운영합니다.

3. 시니어들에게는 안전과 편의를 위한 시니어 특화 주택을 공급합니다. 저층이나 별도의 동에 작은 평형(10~20평형)으로 실버타운을 벤치마킹하여 만듭니다.

4. 시니어 특화 주택의 내부에는 안전을 위한 안전손잡이, 미끄럼 방지 매트 등 복지 용구를 설치합니다. 복도와 화장실은 휠체어도 출입할 수 있

도록 넓게 설계합니다. 현관과 목욕실에는 의자를 설치합니다. 발코니 텃밭, 반려동물을 위한 공간도 미리 제공합니다. 응급콜과 동작감지센서를 설치하고, 인공지능이 장착된 워치를 착용하여 만약의 사고에 대비합니다.

5. 의무적으로 짓도록 하는 단지 내 임대주택 대신 시니어 특화 주택을 짓도록 하고, 그럴 경우 용적률, 건폐율 등 건축을 위한 혜택을 더 줍니다.

● 부모 세대와 자녀 세대의 기대효과: 부모는 자산을 죽을 때까지 지키고만 있는 것이 아니라 자녀가 필요로 할 때 집을 사주고, 노후에 일정 부분 돌봄을 받으며 함께 살 수 있습니다. 자녀는 필요할 때 도움을 받아 집을 미리 장만하고 부모님이 나이 들고 약해질 때 근처에서 보살펴드리며 살 수 있습니다.

● 정부의 기대효과: 현재 고령화 사회에 접어들면서 고령자를 위한 복지, 의료 분야에 막대한 예산을 투입하고도 큰 효과를 발휘하지 못하고 있습니다. 시니어들은 살던 곳에서 계속 살고 싶어 합니다. 살던 곳에서 건강하게 살 수 있는 여건을 만드는 것이 관건입니다. 민간에서 자율적으로 돌봄이 정착되고 확산되면 복지예산과 의료비, 요양비 등 보건의료에 지출하는 비용을 대폭 줄일 수 있습니다. 기왕에 지어질 아파트들

을 고령 사회를 대비하여 정책적으로 뒷받침만 해주면 정부 예산을 들이지 않고도 큰 효과를 누릴 수 있습니다.

● 건설사의 기대효과: 자산이 많은 액티브 시니어를 겨냥한 사업을 펼쳐야 합니다. 돈이 있는 시니어들에게 필요한 집이 무엇인지 연구하고 그런 집을 만들어야 합니다. 시니어 특화 아파트는 새로운 트렌드가 될 것입니다. 가장 먼저 이 시장을 선점한 건설사는 그 수혜를 가장 많이 받을 것입니다. 앞으로 액티브 시니어를 배려하지 않는 사업은 성공하기 어렵습니다. 부모 세대가 자신들이 사는 아파트 단지 내에, 자녀 세대들도 함께 살 수 있는 집을 사줄 수 있는 시니어 특화 아파트를 만들기 바랍니다.

공빠TV에서는 실버타운을 공부하면서 실버타운의 장점을 알게 되었고, 그 혜택을 누리는 어르신들의 건강한 노후를 직접 보았습니다. 무척 감명 깊었죠. 이 좋은 혜택을 많은 분들이 누렸으면 좋겠습니다. 우리나라 모든 아파트가 실버타운처럼 건강한 노후를 보낼 수 있는 시니어 특화 아파트가 되기를 희망합니다.

건강하고 행복한
노후의 집

초판 1쇄 발행 2023. 9. 1.

지은이 문성택, 유영란
펴낸이 김병호
펴낸곳 주식회사 바른북스

편집진행 김재영
디자인 최유리, 양헌경, 김민지

등록 2019년 4월 3일 제2019-000040호
주소 서울시 성동구 연무장5길 9-16, 301호 (성수동2가, 블루스톤타워)
대표전화 070-7857-9719 | **경영지원** 02-3409-9719 | **팩스** 070-7610-9820

•바른북스는 여러분의 다양한 아이디어와 원고 투고를 설레는 마음으로 기다리고 있습니다.

이메일 barunbooks21@naver.com | **원고투고** barunbooks21@naver.com
홈페이지 www.barunbooks.com | **공식 블로그** blog.naver.com/barunbooks7
공식 포스트 post.naver.com/barunbooks7 | **페이스북** facebook.com/barunbooks7

ⓒ 문성택, 유영란, 2023
ISBN 979-11-93341-06-3 03320